Re-Ingeniería Mental

Reprograma tu mente y transforma tu vida

Alejandro C. Aguirre

Alejandro C. Aguirre Publishing/Editorial, Corp.

(917) 870-0233

www.alejandrocaguirre.com

Re-Ingeniería Mental

Alejandro C. Aguirre Publishing/Editorial, Corp.
1 (917) 870-0233
www.alejandrocaguirre.com

Re-Ingeniería Mental

Alejandro C. Aguirre

Número de Control de la Biblioteca del Congreso de EE. UU.:
ISBN-13: 978-1547150977
ISBN-10: 1547150971
Copyright © 2017 por Alejandro C. Aguirre. Alejandro C. Aguirre
Publishing/Editorial, Corp.
All rights reserved. No part of this book may be reproduced in any form
without written permission from the Publisher.

Printed in the USA

Todos los derechos reservados. Ninguna parte de este libro puede ser
reproducida o transmitida de cualquier forma o por cualquier medio,
electrónico o mecánico, incluyendo fotocopia, grabación, o por cualquier
sistema de almacenamiento y recuperación, sin permiso escrito del
propietario del copyright, y sin el previo consentimiento de la editorial,
excepto cuando se utilice para elaborar reseñas de la obra, críticas literarias
y/o ciertos usos comerciales dispuestos por la ley de Copyright.

Las opiniones expresadas en este trabajo son exclusivas del autor y no
reflejan necesariamente las opiniones del editor.

Este libro fue impreso en los Estados Unidos de Norte América.

Fecha de revisión: 10/28/2017

Para realizar pedidos de este libro, contacte con:
Alejandro C. Aguirre Publishing/Editorial, Corp.

Dentro de EE. UU. al 917.870.0233
Desde México al 01.917.870.0233
Desde otro país al +1.917.870.0233
Ventas: www.alejandrocaguirre.com

Esta fabulosa obra está dedicada a mi grandiosa familia y a todos nuestros valiosos colaboradores en nuestra corporación; he escrito este libro con el firme deseo de seguir desarrollándome en este mundo de la motivación, superación personal y liderazgo.

El motivo que me impulsa es, sobre todo, crecer como persona en todas las áreas de mi vida: espiritual, física, material y emocionalmente, y de esta manera compartir con el mundo mis experiencias, mis caídas, mis triunfos, mi historia de lucha continua y superación.

El deseo imparable de plasmar en este mundo una huella me ha impulsado para poner en lo alto el nombre de esta compañía y todos nuestros servicios, los cuales hemos venido llevando acabo con mucho cariño y amor al servicio de la humanidad.

ÍNDICE

Dedicatoria
Prólogo
Introducción
¿Qué es la re-ingeniería mental?

Pág. 01 Capítulo 1. El deseo ferviente de lograr algo.
Pág. 19 Capítulo 2. El deseo de ser alguien grande en la vida.
Pág. 31 Capítulo 3. El deseo de ser mejor cada día.
Pág. 41 Capítulo 4. El deseo de servir y ayudar a las personas.
Pág. 49 Capítulo 5. El deseo de desarrollar tus habilidades y capacidades.
Pág. 59 Capítulo 6. El deseo de alcanzar la prosperidad, abundancia, felicidad y paz.
Pág. 79 Capítulo 7. El deseo de perfeccionar tu ser y eliminar las excusas e impurezas de tu vida.
Pág. 95 Capítulo 8. El deseo de marcar la diferencia entre lo ordinario de lo extraordinario.
Pág. 109 Capítulo 9. El deseo de dejar una huella en este mundo.
Pág. 124 Capítulo 10. El deseo de lograr el verdadero éxito en la vida.
Pág. 139 Capítulo 11. El mayor de todos los deseos: estar en paz contigo mismo y con Dios, para lograr la grandeza en el mundo.
Pág. 159 Epílogo.
Pág. 164 Citas por Alejandro C. Aguirre.
Pág. 169 Acerca de Alejandro C. Aguirre
Pág. 172 Otras obras del Autor .
Pág. 173 Acerca de Octavio Romero y sus obras.
Pág. 178 Alejandro C. Aguirre Publishing/Editorial, Corp.

Seminario Re-Ingeniería Mental
New York

13 de Febrero de 2016

PRÓLOGO

Nos convertimos en lo que pensamos, cada día cuando despertamos; está lleno de grandes oportunidades para comenzar de nuevo. Recuerde: lo que hayamos puesto en nuestro pensamiento el día de ayer, serán nuestros resultados de hoy. En este maravilloso libro, *Re-Ingeniería Mental*, encontrarás el combustible para fortalecer tu mente, cuerpo y alma, al igual que los claros ejemplos de las personalidades aquí descritas, nos muestran con su perseverancia y tenacidad, que nunca se dieron por vencidos, realizaron sus sueños y transformaron el mundo.

La mayor virtud del excelente trabajo que nos presenta el Sr. Alejandro C. Aguirre son los principios y gran visión que todo líder debe tener, y que; sin importar la creencia o religión, nunca se debe perder la fe. Ya que, sin estos principios; no se podrían alcanzar grandes cosas en la vida.

Los principios de la vida, no es el "no tengo dinero", más bien, es el no poseer una gran visión y fe.

Re-Ingeniería Mental, es un gran libro que nos recuerda la importancia de vivir en el presente, despojándose del pasado, ya que el espíritu del endeudamiento de la persona lo perseguirá de generación tras generación. El Autor, lo dice de esta manera: "Eres lo que piensas y serás lo que quieres ser".

Pero sin más preámbulo, yo te invito a que juntos disfrutemos de este maravilloso libro, sin duda alguna; te cautivará y te llevará a convertirte en la persona que deseas ser.

Octavio Romero
Escritor y Conferencista.
Autor de los bestsellers:
Tú decides, ¿el éxito o el fracaso?
y ¿Qué tan grande es tu sueño?

INTRODUCCIÓN

Aristóteles decía: "Piensa como piensan los sabios, más habla como la gente sencilla". Qué sabiduría emana de estas maravillosas palabras, procedentes de un poderoso pensamiento de este grandioso filósofo, que han inmortalizado su nombre ya que han sido una muestra notable del poder de los pensamientos los cuales son transmitidos mediante palabras que son emitidas en una frecuencia que las dota de un increíble poder, que abarca desde el mundo visible hasta el invisible. Me he remontado muchos siglos atrás para hacer hincapié en el cambio trascendental que se dio en el mundo entero al iniciar el RENACIMIENTO de una nueva era, que abarcó desde mundo medieval hasta la sociedad como la conocemos el día de hoy. El renacimiento del ser humano ha sido marcado en la historia en los siglos XV y XVI por un movimiento cultural que se desarrolló en Europa Occidental y se expandió en todo el mundo. Este evento marcó una transición entre la Edad Media y el Mundo Moderno.

Este cambio, al ser global, abarcó todas las áreas del conocimiento humano, desde el mundo de las artes, filosofía y política, hasta una notable renovación de las ciencias, dando así comienzo a la era del Humanismo, que se tradujo en una nueva manera de visionar el mundo, y también el ser humano. Esta maravillosa etapa se caracterizó por una impresionante expansión de la cultura europea en el mundo entero; en paralelo, se produjo el descubrimiento de América por parte de Cristóbal Colón, y la primera vuelta al mundo, protagonizada por Magallanes y Juan Sebastián Elcano.

Hasta el día de hoy retumban los nombres de algunas personalidades eminentes que dominaron diversas ramas del ser humano, como Leonardo Da Vinci, Miguel Ángel Buonarroti, Bramante, Rafael Sanzio y Sandro Botticelli, los cuales aportaron su granito de arena para la concepción del mundo tal y como lo conocemos hoy. Todos ellos se vinculan por las tres características principales del Renacimiento: la vuelta a los cánones de la Antigüedad, la relación armónica con la Naturaleza y el homocentrismo, esto es, la concepción del hombre como centro de la Creación, elevándolo de rango social y espiritual frente al oscurantismo medieval.

He mencionado el Renacimiento como una etapa de transición muy importante para la Humanidad, porque me gustaría que entiendas y valores a todas aquellas personas, tanto hombres como mujeres, que han aportado al mundo multitud de ideas e inventos, los cuales aunados con sus conocimientos forjaron un avance muy considerable, el cual ha permitido que hasta el día de hoy sigamos avanzando y desarrollándonos como civilización.

Nuestros pensamientos son un ejemplo muy claro de lo que somos en nuestro interior, lo cual se expresa mediante acciones en externas, tal y como lo hicieron todos aquellos personajes; por ejemplo, Leonardo Da Vinci, en su infinita curiosidad, sapiencia y deseo de cambio, inventó la bicicleta, la escafandra, el tornillo aéreo, diversas máquinas voladoras, el puente giratorio, instauró el canon de proporciones pictóricas inspirado en la marca dorada de Praxíteles, el hombre vitruviano, el odómetro, el paracaídas, comenzó a proyectar, aún sin la tecnología necesaria, el diseño del automóvil, así como diversas obras de arte, entre las que destaca la "Mona Lisa", junto con la introducción de la técnica pictórica del sfumatto, que dota a sus obras de gran profundidad técnica y psicológica.

Miguel Ángel, con esa maravillosa e inigualable escultura del "David", cuya copia hoy en día preside la plaza principal de Florencia. Rafael con sus increíbles pinturas de "La Fornarina", expuestas en el Palacio Barberini de Roma, el inmortal Botticelli creador del "Nacimiento de Venus" y una nueva concepción de la belleza... Todos ellos contribuyeron a formar el mundo que conocemos hoy.

Ahora veamos, ¿qué fue lo que llevó a Leonardo

y a todos estos maestros a realizar tan impresionantes descubrimientos, obras e inventos?

Mis queridos amigos, nada más ni nada menos que UN DESEO FERVIENTE, impulsado por la fe en que lo lograrían y el grandioso poder del pensamiento con el cual pudieron llevar a cabo estas tareas y de esa manera cristalizarlas, pasarlas de un pensamiento invisible a una cosa material y visible para el ojo humano.

Como dijo Leonardo Da Vinci: *"El pintor es dueño de todas las cosas que el hombre puede pensar: lo que en el universo existe por esencia, presencia o imaginación, él lo tiene antes en su mente y en sus manos luego"*

Con este claro mensaje daremos inicio a este libro, ya que todo lo que hemos visto hasta ahora es en esencia obra de un pensamiento que ha fecundado en la mente de muchas personas y que ha nacido en una gran idea, la cual se ha concretado en una maravillosa invención de lo que nuestra mente imparable puede crear a través de nuestros pensamientos. Nuestra mente es una fábrica exquisita de pensamientos donde se procesan cada segundo un sinfín de pensamientos, los cuales en su mayoría son del día anterior y sólo una pequeña porción de ellos son nuevos. Nuestra mente es una criatura que se alimenta todo el tiempo de dos tipos de comida: pensamientos positivos para crear y construir cosas extraordinarias, y por otra parte, pensamientos negativos, los cuales pueden crear cosas malignas y destructivas para el ser humano.

¿Te has preguntado qué tipo de alimento le estas dando a tu mente? O mejor aún, el resultado de ser lo que eres el día de hoy, estar en donde estás y estar con las personas que estas, ¿es la cosecha del alimento que le estás dando a tu mente? Amigo o amiga, te invito adentrarte en este maravilloso mundo de una MENTE IMPARABLE, creadora de todo lo que existe en el universo. Veamos y sigamos los deseos ardientes de una mente creadora y constructora de cosas inimaginables... Adelante. La felicidad no llega cuando conseguimos lo que deseamos, sino cuando sabemos disfrutar de lo que tenemos: no soñando con el mañana sino viviendo el hoy, dejando las cadenas del pasado atrás y atesorando cada momento de nuestras vidas. Recuerda que el tiempo nos arrastra con él hasta que nos devora completamente, hasta fragmentarnos en polvo; por eso canta, brinca, ríe, llora, baila, sonríe, ama y perdona, ya que el mejor momento para la felicidad es el día de hoy. Reinvéntate a ti mismo y crea tu propio destino. ¡El arquitecto de tu vida eres tú¡ Y tus pensamientos y deseos modificarán la estructura del mundo, el tuyo y el de los que te rodean.

¿QUÉ ES LA RE-INGENIERÍA MENTAL?

El presente es de ustedes, pero el futuro
me pertenece. Si lo que quieres es encontrar
los secretos del Universo, piensa en términos
de energía, frecuencia y vibración.
—*Nikola Tesla*

La Re-Ingeniería Mental es un proceso en el cual el ser humano aprende a utilizar la maquinaria mental que tiene: Subconsciente, Imaginación creadora y autosugestión. Para construir y no para destruir. A través de este proceso una persona reestructura su mente, permitiendo que esta tenga acceso a nuevos patrones referenciales, más dinámicos, que le permita accesar nuevas realidades, con finalidades objetivas y concretas. El uso adecuado de la Maquinaria Mental con la Re-Ingenieria Mental nos ayudará a pensar mejor y realizar soluciones más definidas ante las situaciones y circunstancias que nosotros mismo creamos, ya que todo los que nos rodea es obra de nuestros pensamientos. Albert Einstein una vez dijo: "No podemos resolver los mismos problemas utilizando el mismo tipo de razonamiento que utilizamos para crearlos". El consciente, subconsciente e inconsciente son mejor utilizados e interpretados con este proceso de mejoría mental. Nuestro cerebro es uno de los órganos más complejos de estudio para el mismo ser humano, hay mucho por aprender y constantemente se siguen haciendo nuevos descubrimientos. La mente es un centro de energía pura y también es una criatura que se alimenta de pensamientos tanto positivos como negativos, sin embargo el ser humano mediante su libre albedrío es el que decide qué tipo de pensamientos alimentarán su mente. La Re-Ingeniería Mental ayuda a que el ser humano entienda que hay dos tipos de inteligencia; Una finita y una infinita y a la vez que determine si desea cambiar su programación mental que ha venido concibiendo desde su niñez. Enfatizare una cita del Dr. Napoleón Hill que dice lo siguiente: "Lo que la mente puede concebir y creer, lo puede crear". De la misma manera si el ser humano aprende a utilizar esa "Maquinaria mental" que tiene, puede hacer cosas extraordinarias y entender al Universo y a Dios. Entendamos que somos un cuerpo con una mente y en esta se crean diariamente un sin fin de pensamientos y emociones, los cuales nos permiten con la ayuda de la fe y la acción, llevar acabo ideas y desatar sentimientos. Los hijos de la mente son los pensamientos con los que se comanda nuestra existencia en la tierra. Somos un producto de lo que pensamos la mayor parte del tiempo, es decir, somos un producto de nuestros pensamientos dominantes que se magnetizan en nuestro cerebro.

La necesidad del ser humano de ser cada día mejor y de poder aprovechar al máximo su potencial lo llevan a buscar herramientas que le permitan lograrlo. También La Programación Neurolingüística (PNL), permite hacer un proceso de "Ingeniería Mental" a través de aprender a "reprogramar" la mente, convirtiendo las emociones, patrones de comportamiento y situaciones negativas en emociones, patrones y situaciones positivas que son los que el ser humano requiere para alcanzar todo su potencial. El futuro pertenece aquellos que ven las oportunidades antes de que sean demasiado obvias. Sin embargo el futuro es también de aquellos que han aprendido a utilizar el poder de su Maquinaria Mental a través de la Re-Ingeniería Mental y construirlo.

¡Tan poderosa es la
mente humana!
Crea o destruye.

EL DESEO FERVIENTE DE LOGRAR ALGO EN LA VIDA

Ten en cuenta que el gran amor y los grandes logros requieren grandes riesgos.
—*Dalai Lama*

Caminando por las calles de la ciudad de New York, un día me detuve a admirar toda la belleza que embarga la inmensa ciudad de los rascacielos, pero también toda la belleza de la naturaleza que la rodea me recordó cuando caminaba en los campos de cultivo en el pueblo donde nací. Este enorme recuerdo trajo a mi mente una serie de pensamientos muy positivos, emociones y a la misma vez me surgieron algunas preguntas como las siguientes:

¿Qué existía en este terreno lleno de edificios y grandes rascacielos hace 2,000 años, o quizás 1,000 años, 100 años y por qué no, hasta hace 10 años?

Y la otra pregunta: ¿qué tipo de personas habitaban esa superficie de tierra sólida? Y aún más, ¿qué tipo de flora y fauna estaban desarrolladas en esos entonces?

Mi mente inmediatamente empezó a viajar a través del tiempo y el espacio, haciendo estallar en mi consciente y subconsciente una inimaginable fábrica de pensamientos que se cruzaron como flechas en el aire en cuestión de segundos, desatando en mi interior un deseo ardiente de entender el porqué de ese cambio, desarrollo y evolución de esa gran ciudad.

Como te podrás dar cuenta, mediante un deseo ferviente de poder imaginar y crear en mi mente esos paisajes de aquellas épocas logré clarificar y ver en unos instantes aquellas personas, plantas y animales que habitaban ese lugar en esos entonces.

Mi mente creadora, impulsada por el deseo ferviente de mi corazón, creó una multitud de pensamientos que fluían sin cesar de mi imaginación recreando todos esos mundos imaginarios y fantásticos. También logré visualizar a través de mi visión y mis pensamientos cómo sería ese campo donde caminaba de niño jugando con mis hermanos y amigos, donde había sembrado maíz, frijoles, habas, calabazas, etcétera. Y miré una enorme carretera con muchas casas a los alrededores, algunas destruidas y otras en construcción, pero todas habitadas por gente muy humilde. Pese a su pobreza, todas ellas estaban rodeadas de una exquisita variedad de flora y fauna.

Y sin duda alguna, mi querido lector, todo fue así de la manera en que lo acabo de narrar. ¡Impresionante! Es tan increíble y maravilloso para los seres humanos disfrutar de estos deseos y pensamientos internos que fluyen dentro de nosotros, impulsándonos y creando cosas extraordinarias. Con la fuerza de nuestra mente podemos arrastrar y viajar al pasado mediante a través de los deseos y pensamientos, sin embargo te comparto que es muy importante hacerlo de una manera sana y positiva: debemos atraer lo mejor de lo que ya pasó y desechar lo negativo, ya que a nada nos ayuda para seguir avanzando.

El desear algo realmente grande viene del corazón el cual es transmitido al cerebro y se manifiesta con un pensamiento muy poderoso que podemos cristalizar en algo totalmente hermoso y sublime.

El desear algo con toda nuestra mente y corazón nos llevará a obtenerlo, junto con visualizarlo hasta llegar al punto deseado. A continuación, te compartiré cómo ese firme deseo de lograr algo grande en la vida nació en mí.

A través de los años, me preguntaba de qué manera podría ayudarme a mí mismo y a muchas otras personas a lograr sus sueños y sus metas, una manera en la cual les pudiera agregar valor a sus vidas y ser una guía de inspiración con la cual se pudieran identificar para lograr la realización de sus deseos y metas. Así que le pedí a Dios que me diera todo el conocimiento y sabiduría para que, a través de la escritura de obras y conferencias motivacionales, pudiera cumplir este sueño que mi corazón tanto anhelaba. A cambio, le prometí que, además de ayudar a más personas con este tipo de inspiraciones, me apoyaría en Su palabra para sembrar en toda la Humanidad unas semillas de amor, fe, esperanza, paz y felicidad en sus corazones. Y de esta manera, encontré mi propósito y misión en la Tierra. Encaminado a la felicidad verdadera, impulsado por ese deseo ardiente de lograr algo grande en mi vida y poder aportar algo para humanidad, además de dejar una huella en este mundo cuando ya no esté aquí, empecé a elevar mi nivel de creencia; pues, como dice Alejandro Jodorovsky, "si tu no crees en ti, no esperes que los otros lo hagan".

El punto de partida estuvo en entender que, para lograr algo en la vida extremadamente bueno y extraordinario, tenía que empezar a trabajar más duro en mí como persona. Se dice que la batalla más grande de cualquier ser humano se libra dentro de nosotros mismos: cada minuto se lleva a cabo una batalla constante entre el bien y el mal, entre los deseos y los pensamientos puros e impuros. Esta batalla es la que determinará el destino final de lo que seremos, así como dijo Buda: "Todo lo que somos es el resultado de lo que hemos pensado. Está fundado en nuestros pensamientos; está hecho de nuestros pensamientos". De todo ello se deduce una lección muy importante: *LAS MÁS GRANDES BATALLAS EN LA VIDA NO SE GANAN POR EL HOMBRE MÁS RÁPIDO O FUERTE, SINO POR AQUÉL QUE PIENSA QUE PUEDE GANAR.* El escritor y pensador británico James Allen menciona también en una de sus obras: "tu mundo será lo que tú deseas"; de esto se extrae que si tienes pensamientos puros y enfocados hacia la felicidad, serás una persona feliz, sin embargo si tu mente está atestada de pensamientos de derrota y debilidad, terminarás convirtiéndote en un ser desgraciado.

"Tu mundo será lo que tú deseas".

Sin embargo, también entendí que tenía que seguir preparándome día a día, sin cesar, para lograr los más profundos deseos de mi corazón, lo cual lo defino con esta metáfora: el roble es uno de los árboles más fuertes del mundo, y para tumbarlo un leñador necesita afilar constantemente su herramienta de trabajo, ya que cada vez que le pega con gran fuerza, el hacha va perdiendo su filo, de manera que tenemos que volver afilarla; y sólo entonces, seguir hasta poder derribarlo.

De la misma manera sucede con nuestros sueños y metas: es muy necesario afilar el hacha, prepararnos todos los días leyendo libros de motivación familiar, superación y liderazgo para poder derribar ese fuerte roble, de modo que logremos convertir nuestros sueños y metas en realidad. También entendí que tenía que seguir y respetar las leyes divinas que rigen este universo, a las cuales estamos expuestos todos los seres humanos, ya sea que las aceptemos o no. Todo esto me causó al principio mucho revuelo mental, ya que no entendía cómo funcionan estas leyes divinas, ni tampoco su significado.

Cada cosa que existe forma parte de un orden divino en el cual formamos parte de aquel Plan que Dios ha diseñado para cada uno de nosotros. Aquí mencionaré algunas de estas leyes que gobiernan de manera suprema desde los más triviales pensamientos, hechos y palabras del hombre, hasta las alineaciones y agrupaciones de los cuerpos celestes.

"Todo lo que existe en nuestro universo es obra del Creador y forma parte de un plan divino que ningún hombre puede alterar".

SIETE LEYES QUE RIGEN EL UNIVERSO:

1. Ley del Mentalismo: esta suprema Ley nos dice que todo es mental, así que cuanto existe en el Universo es parte de un estado mental. La pobreza y la riqueza son estados mentales, ya que se derivan de tu nivel de creencia y lo que de-seas para tu vida; el éxito y el fracaso son solo estados mentales basados en los pensamientos del hombre. Los pensamientos son energía, y de acuerdo al tipo de pensamientos se define tu éxito o fracaso en la vida. El paraíso y el infierno son estados internos provenientes de los pensamientos. No estamos sometidos al viento de las casualidades, y de hecho, el Gran Maestro Jesús dijo:

"No se caen las hojas de los árboles sin que el Padre lo decrete mediante sus leyes".

2. Ley de la Correspondencia: esta Suprema Ley nos dice que todo, como es arriba es abajo, y como es abajo es arriba; esto quiere decir que las mismas leyes que gobiernan todo lo que podemos observar en una fabulosa noche de verano en el cielo, son las mismas que gobiernan aquí, en la Tierra. Por lo tanto, los seres humanos, a través de los tres planos (espiritual, físico y mental) están, en una correspondencia perfecta, enlazados mediante las vibraciones que emitimos.

Porque de cada pensamiento que nuestra mente emite, se crean las palabras y éstas a su vez cristalizan en acciones. Éste es el proceso mediante el cual pensamos, sentimos y actuamos. Sustancialmente, esta maravillosa Ley nos indica que nada se nos es quitado ni dado que no sea nuestro por un sentido de correspondencia, ya que *"recibes lo que das", "no hay mal que por bien no venga"*, y *"con la vara que midas, serás medido"*.

3. Ley de Vibración: esta suprema Ley nos dice que nada en el Universo esta inmóvil; todo se mueve, vibra y cambia.

La ciencia ha reafirmado esta ley ya que ha descubierto que toda la Naturaleza está en constante movimiento y fluctuación, por lo que todo lo que existe en el Universo está en permanente cambio.

El ejemplo más claro lo podemos verificar en un átomo, esa partícula diminuta que está conformada por electrones que giran a su alrededor. Si observas la representación de los electrones, son como un sistema planetario pequeño ya que giran alrededor del núcleo, semejando al Sol como un centro de atracción, en torno al cual giran los planetas a imagen y semejanza de los electrones.

De esta manera, si los seres humanos vibramos en alta frecuencia positivamente, atraemos hacia nosotros personas y situaciones positivas. Sin embargo, si una persona vibra en frecuencia muy baja, atrae las cosas y personas que están en su mismo nivel. Así pues, al vibrar positivamente atraes hacia ti toda la Pureza y la Verdad que emana de la fuente universal de la abundancia, prosperidad y felicidad: Dios.

4. Ley de la Polaridad: esta suprema Ley nos dice que todo tiene dos polos, cuanto existe tiene dos pares, un par de opuestos: un polo positivo, y uno negativo; el día y la noche, la vida y la muerte, la luz y la oscuridad, lo bueno y lo malo, lo puro y lo impuro, frío y calor, etc.

La polaridad se refiere a que todo es cuestión de grados guiados por un estado mental, de manera que si estás polarizado negativamente, atraerás hacia ti toda carga negativa por lo que afectará a tu entorno y a las personas con las que te relacionas. Sin embargo, si estás polarizado de una manera positiva, atraerás hacia ti cosas buenas y situaciones indudablemente positivas, de manera que también los emanarás hacia las demás personas. Aceptemos todas las personas y cosas tal cual son, ya que son bendiciones otorgadas para ayudarnos a crecer y perfeccionarnos.

5. Ley del Principio del Ritmo: esta majestuosa Ley nos enseña que todo en el Universo está fluyendo constantemente, de manera que todo está marcado en periodos de avance y retroceso continuo.

La vida fluctúa cíclicamente: después de la tormenta siempre llega la calma, nada dura para siempre; a una época buena, le sigue una época mala; todo lo que sube tiene que bajar. Dicho de otro modo, todo asciende y desciende como un péndulo, de izquierda a derecha, por lo que la medida correcta es siempre la compensación. Nada es para siempre, todo cuanto existe se halla en constante movimiento; a cada cosa que existe se le otorga un principio y un fin, ya que evoluciona sin parar.

6. Ley de la Generación: esta excelentísima Ley nos enseña que el Creador de todo el universo es Dios, de manera que Él es la única realidad infinita, por lo que posee el poder absoluto. Dios es la fuente de la vida y el Arquitecto de todo lo que existe en el Universo.

La vida es, en esencia, una sustancia inmortal, por lo que nada se pierde o muere sino que se transforma y continúa su proceso de evolución; el cuerpo físico perece, pero el espíritu perdura para siempre en forma de alma inmortal.

7. Ley de Causa y Efecto: esta poderosa Ley prescribe que todo aquello que coseches viene de aquello que sembraste de la misma manera: todo lo que hemos sembrado a lo largo de nuestra vida es el resultado de lo que somos y poseemos el día de hoy. Por así decirlo, aquello que sembraste hace 90 días son los frutos que hoy adornan tu mesa, y la cosecha que comiences hoy mismo, estará produciendo resultados para ti dentro de tres meses. En esta ley hallamos la manifestación más clara del ser divino encausando, guiando nuestra evolución, devolviéndonos, multiplicando los resultados de nuestras acciones.

Ante el conocimiento de estas leyes que rigen nuestra vida, tuve que empezar a seguirlas y dejarme guiar por ellas para comenzar a desarrollar ese inmenso deseo de triunfo, junto con el de lograr esas maravillosas obras para ayudar a los demás; sabía que si comenzaba a seguir el Propósito divino y la voluntad del Padre, lograría grandes cosas en esta vida. Por ello, comencé a buscar la armonía con estas leyes universales, pero también alineé mi mente, mi cuerpo y mi espíritu para estar en la dirección correcta y allegado a la fuente más poderosa del Universo: el Creador. Después de hacer esto durante varios días, todo empezó a fluir, lo que conllevó una serie de eventos muy positivos que produjeron una profunda transformación en todos los ámbitos de mi vida. Mi mente, conocimiento y sabiduría se elevaron muy por encima de todo lo que pudiera haber imaginado, y las cosas empezaron a suceder una tras otra sin cesar hasta el día de hoy. Como un grandioso efecto dominó que no se detiene, el "EFECTO IMPARABLE".

"Alinea tu mente, cuerpo y espíritu con el creador, respeta y déjate guiar por las leyes universales que gobiernan el universo, y entonces las puertas de la grandeza infinita se abrirán para ti".

Una vez que entendí esto, comencé a desarrollar mis talentos y habilidades, con el fin de materializar ese deseo ardiente. Mi punto de partida fue el desarrollar y explorar las siguientes cualidades, esenciales para lograr todo aquello que deseas en la vida.

Automotivación: se basa en estar siempre preparado para solventar cualquier dificultad o reto por tus propios medios, y no esperar que sea tu entorno el que te empuje a realizarlos. La automotivación es algo que se alcanza fácilmente al estar en paz contigo mismo y con el Creador.

Autoeducación: consiste en informarte y educarte de manera autodidacta, sin que otros decidan sobre aquello que aprendes. Obviamente, también debes aprender de los expertos, sin embargo siempre has de mantener tu espíritu crítico. Busca siempre el porqué de cada situación que se te presente y ante todas las cosas y trabaja duro en encontrar la respuesta adecuada. Toma la batuta, las riendas de tu vida y edúcate a diario; vivimos en la era de la información, por lo que siempre habrá fuentes de conocimiento disponibles y a tu alcance.

Autodisciplina: es la llave del éxito, ya que tenemos que aprender a ser responsables de nuestros propios actos para lograr las cosas de verdadero valor en la vida. Alcanzar esta cualidad se basa en desarrollar buenos hábitos y habilidades a diario, para así continuar caminando sin un tropiezo hacia nuestro brillante destino. Y recuerda: sin autodisciplina, no puede existir la grandeza.

Autodirección: es muy importante saber quiénes somos, lo que deseamos y hacia dónde nos dirigimos. Pero, sobre todo, es básico conocernos a nosotros mismos para saber dirigirnos. El camino hacia ello se basa en la búsqueda del pensamiento positivo, el control de las emociones y la claridad de miras hacia nuestro destino, pues, como decía el filósofo Platón, "la victoria más grande e importante, es conquistarse a uno mismo".

Autosugestión: tenemos que aprender a autosugestionarnos para llenar nuestra mente de buenos propósitos para preparar nuestro consciente e inconsciente para el éxito deseado.

Esto se logra repitiendo todos los días una serie de pensamientos positivos los cuales se quedan plasmados en nuestro subconsciente, de manera que se convierten en creencias y llegan a materializarse en nuestra realidad cotidiana. El poder de la autosugestión es muy fuerte, ya que nuestra mente funciona a base de repeticiones. Dicho de mejor manera: empezamos fingiendo y terminamos creyendo.

Autonomía: aprende a tomar tus propias decisiones en la vida para no permitir que otros decidan por ti. Esto requiere carácter, firmeza y decisión. Si no eres autónomo, si no te responsabilizas de tus elecciones, otros elegirán por ti, y nadie mejor que tú sabe lo que requieres para triunfar en la vida; así pues, toma las riendas de tu vida, ya que eres el único escultor de tu destino.

Autoimagen: construye una imagen positiva y segura de ti mismo. Crea esa fotografía interna en tu corazón y en tu mente; siéntete, vístete y visualízate como el triunfador que eres, aquél que está dispuesto a brillar hasta el máximo para lograr su objetivo. Eleva tu nivel de creencia y abraza tu nuevo yo. Y por último, no temas tus defectos, no te avergüences de quien eres: son bendiciones, pues su superación ayudará a perfeccionar tu ser.

Mentoría: busca y selecciona un maestro, un guía que haya caminado más que tú en el corto camino de la vida, que porte más experiencia, conocimiento y madurez. Un mentor es la persona que tomará tu mano y te asesorará en la lucha continua por lograr todo aquello que deseas en la vida, aquél encargado de avivar el deseo ardiente de lograr la grandeza en el mundo.

En base a obedecer y respetar estas leyes universales, pero también a desarrollar las cualidades indispensables, con el firme deseo en mi corazón de aportar algo para la Humanidad, entendí que los sueños son las semillas de la realidad; así que, impulsado por mi sueño de ayudar a las personas y dejar una huella en el mundo, publiqué mi primera obra: "El camino a la excelencia" ("Road to excellence") el 15 de septiembre de 2013. Esta primera incursión en la literatura se complementó con la publicación de mi segunda obra, "Diseñados para triunfar" (Designed to succeed) el 15 de octubre del mismo año, impulsado por el ferviente deseo de seguir sembrando para las generaciones futuras y presentes.

Aún recuerdo que escribía sin cesar, día y noche; era tanta la energía y emoción que venían de mi sueño y deseo de superarme, que a veces sentía congeladas en el tiempo las manecillas del reloj, parecía que el tiempo se había detenido y el mundo existía para mí. Y fue ahí donde me di cuenta del enorme poder de nuestro Creador, porque anteriormente yo le había pedido todo el conocimiento y sabiduría para llevar a cabo estas obras; en el momento en que comencé a escribir, Él me dio todo el poder para ejecutar y poder compartir mis obras.

El proceso de creación siguió, ya que *MI DESEO IMPARABLE* de seguir creciendo me condujo a hacer la versión audiolibro de mi segunda obra en conjunto con una sinopsis de la primera como regalo a mi maravilloso público; y de esta manera, el 15 de febrero del 2014 lo logré. Este fue un paso muy importante para mí, ya que era un sueño largo tiempo acariciado, que además florecía en medio de circunstancias adversas: ese mismo mes sufrí un accidente de esquí en el que me golpeé la cabeza y perdí el conocimiento; por efecto de la caída me lastimé las cervicales, el nervio ciático, mi tobillo y demás, dejándome postrado en la cama durante unas cuantas semanas. Sin embargo, los dolores del cuerpo sanan con los triunfos del alma, así que trece días más tarde me decidí a abrir mi Corporación con la que expandiría mis grandes deseos y sueños al mundo entero.

La historia sigue su curso, de manera que dos meses más tarde culminé mi tercera obra, "Invencible"; en este libro, muestro la experiencia positiva, de reflexión y desarrollo, que supuso para mí aquella caída en la nieve. Tal vez parezca algo ilógico, pero de aquello que podría parecer negativo, conseguí extraer las mejores enseñanzas, ya que, como decía mi madre, "no hay mal que por bien no venga".

Una de las más hermosas enseñanzas contenidas en las Sagradas Escrituras es que no cae una sola hoja de árbol sin que el Padre lo decrete mediante Sus leyes; de esta forma, mi sueño siguió creciendo, por lo que las obras, conferencias y materiales que había publicado tuvieron una acogida cada vez más calurosa entre mi creciente número de lectores, que ya se registraban en varios puntos del mundo. Sin embargo, el DESEO IMPARABLE y mi sed de conocimiento como escritor y conferenciante motivacional ardían con fuego puro en mi corazón, por lo que el 15 de noviembre de 2014 publiqué mi cuarta obra, titulada "Las siete gemas del liderazgo" en una edición especial versión audiolibro. Me di cuenta que todo aquello que soñé se iba materializando paso a paso, e incluso rebasaba mis expectativas: Dios escuchó mis oraciones y me otorgó el conocimiento y la sabiduría para poder haber llevado a cabo todas estas obras y conferencias. Me volví un hombre mucho más humilde, realista frente a todas las maravillas que me estaban sucediendo; maravillas que agradezco a mi mejor mentor, mi maestro, mi guía y mi padre, a Dios.

Ahora tienes entre tus manos mi quinta obra, "Re-Ingeniería Mental", la cual vino del deseo ardiente de seguir creciendo y superándome cada día; el deseo de sembrar semillas de amor, paz y esperanza para la Humanidad. Si yo lo logré, y cada vez asciendo más en mi sueño, tú lo puedes hacer. No hay ni excusas ni obstáculos: todo cuanto necesitas para triunfar vive dentro de ti.

Aprendí también que debía seguir sembrando en abundancia para cosechar de la misma manera, también al hablar y decir algo debía asegurarme que esto valiera la pena, que fuera más bello que el silencio. Y como dice este proverbio árabe, *"No digas todo lo que sabes. No hagas todo lo que puedes. No creas todo lo que oyes. No gastes todo lo que tienes. Porque quien dice todo lo que sabe, quien hace todo lo que puede, quien cree todo lo que oye y gasta todo lo que no tiene, muchas veces dice lo que no conviene, hace lo que no debe, juzga lo que no ve y gasta lo que no puede".*

*Al que cree, todo le es posible.
(Marcos, 9:23 RVR 1960).*

EL DESEO DE SER ALGUIEN GRANDE EN LA VIDA

No temáis a la grandeza; algunos nacen grandes, algunos logran grandeza, a algunos la grandeza les es impuesta, y a otros la grandeza les queda grande.
—*William Shakespeare*

Durante muchos años, he investigado a gran cantidad de personajes que han impactado al mundo sobremanera, pero también han dejado un legado para la Humanidad. En los siguientes capítulos hablaremos de esto, ahora me gustaría compartirte que el deseo de llegar a ser alguien grande en la vida no es difícil de lograr, tal y como muchas personas creen.

Todo en la vida es parte de un proceso en el cual muy pocos nos llegamos a involucrar, debido a vicios tales como la pereza, la indecisión o el miedo, que nos abruman con su oscuridad; todos estos temores se deben a no tener claro qué es lo que cada uno deseamos realmente para nuestra vida. Para poder caminar hacia una meta y llegar a hacer algo extraordinario, tenemos que empezar por desearlo de todo corazón, y sólo entonces cristalizarlo en la mente y ver la imagen nítida de lo que deseamos ser; esa hermosa imagen debemos internalizarla dentro de nosotros, guardarla celosamente en el subconsciente.

Ahora bien, las grandes cosas en la vida requieren un nivel de esfuerzo mayor que las secundarias: hay personas que piensan en pequeño, por lo que añoran cosas pequeñas y actúan muy poco, sin embargo los que piensan en grande y actúan parejo, logran grandes cosas en la vida.

¿A qué tipo de persona perteneces tú? o, mejor aún, ¿sabes lo que realmente quieres en la vida?

En el mundo hay seis tipos de soñadores:

Las personas que no tienen sueños, por lo que nunca hacen nada para superarse, viven una vida mediocre y pobre.

Las personas que tienen sueños pequeños, por lo que de esa manera piensan, actúan y viven.

Las personas que viven del pasado, de sus sueños

lejanos, de sus pasados logros; permanecen ahí, estancados como el agua de una presa. Viven retraídos por su pasado.

Las personas que tienen sueños, pero no saben cómo lograrlos.

Las personas que tienen sueños, los alcanzan y entonces se quedan ahí, en el mismo sueño. Dejan de soñar y no avanzan más.

Las personas que sueñan en grande, lo logran y entonces se ponen sueños más grandes. Empiezan a trabajar en ellos, pagan el precio hasta que los logran.

Si estás en los cinco primeros tipos de soñadores, es mejor que empieces analizar tu vida y a tomar decisiones apropiadas para cambiarla, a menos que estés conforme con lo que eres y lo que tienes.

Para ser alguien realmente grande en la vida, tienes que ser un gran soñador y ponerle acción a tus sueños, porque un sueño sin acción tan sólo es un entretenimiento banal para tu mente. Walt Disney solía decir: "sueña en grande, si puedes soñarlo lo puedes hacer realidad".

Aquí hay cuatro claves muy importantes, que te servirán como punto de partida para el camino que estás a pun-to de emprender:

1. Un gran sueño
2. Un deseo imparable e indomable de lograr lo extraordinario.
3. Un gran impulso para lograrlo.
4. Acción masiva y pasiva.

Me gustaría compartirte ahora los Siete Pasos para que puedas lograr ser alguien en la vida, y también para que puedas lograr grandes cosas:

1. *Tener claro lo que realmente deseas en la vida.*
2. *Estar dispuesto a pagar el precio para lograrlo.*
3. *Estar dispuesto a negociar con la vida para obtenerlo, porque no se puede obtener algo a cambio de nada.*
4. *Tener un plan o estrategia para lograrlo así como fijar una fecha por escrito para alcanzar tus objetivos.*
5. *Hacer una declaración muy concreta de lo que de-seas (leerla dos veces por la mañana y por la noche)*
6. *Luchar, tener fe, esperanza y poner en acción todas tus habilidades hasta lograrlo.*
7. *Y por último, y por encima de todo... dejarle los resultados a Dios.*

Pon en práctica estos Siete Pasos, pues te ayudarán a ser una mejor persona y a lograr todo aquello que anhelas para tu vida: invierte tiempo en ti, lee libros de motivación, superación personal, liderazgo familiar, escucha audiolibros, y sobre todo, pon en práctica este valioso conocimiento adquirido. Recuerda que el mejor activo que poseemos los seres humanos está en nuestra mente, así que cuanto antes inviertas en ella, más te recompensará en la misma forma.

Viajando al pasado, investigando a muchas personalidades cuyos nombres retumban hasta el día de hoy por todo el mundo, logre hallar un claro ejemplo de ser alguien grande en la vida y aportar algo valioso para la Humanidad. Nos remontaremos al año de 1642, en un pueblo muy remoto en Inglaterra; en este humilde lugar, nació el que es considerado como el científico más grande de todos los tiempos, caracterizado por revolucionar con sus aportes la física y las matemáticas, ya que descubrió las leyes que describen cualquier tipo de movimiento, desde la caída de una manzana hasta las órbitas de los planetas que giran en torno al Sol. Su carácter era difícil y esquivo en sus relaciones personales; sin embargo, se entregaba con pasión a la investigación, en un deseo constante de lograr cosas extraordinarias en la vida. El nombre de este titán, de este soñador, es Isaac Newton, y su regalo al mundo fue el descubrimiento de las leyes de la gravedad.

Newton nació en aquel remoto pueblo de Inglaterra; su padre fallece antes de que el naciera, por lo que su madre lo envía a vivir con su abuela materna cuando sólo tenía tres años de edad. Esta fue una etapa muy difícil y dura para Newton, el hecho de no conocer a su padre y de que su madre lo dejara viviendo con su abuela, marcó su vida para siempre. La infancia de este genio fue extremadamente triste, y el que su madre se volviera a casar le trajo además sentimientos de rencor y traición hacia su progenitora. De hecho, años más tarde, un Newton ya adulto escribiría que uno de sus mayores pecados de infancia fue quemar a su madre y a su padrastro en la casa que compartían, producto de todo su odio púber. En la escuela no le iban tampoco muy bien las cosas al joven Isaac; era un niño inquieto que no prestaba atención a las lecciones, sin embargo despertó la curiosidad de sus maestros al observar éstos los aparatos mecánicos que construía el pequeño, incluidos molinos de viento.

Un profesor de su escuela, especialmente sensitivo para el talento de Isaac, le hace notar a su madre las extraordinarias capacidades del joven, por lo que Newton no tarda en ingresar a Cambridge, una de las mejores universidades del planeta. Si bien sus compañeros, todos hijos de las clases altas, se dedicaban a holgazanear, el joven tomó la institución como soporte para sus magnos descubrimientos.

Newton fue un puritano muy obsesionado por el pecado, por lo que se autoimpuso un estricto control sexual y emocional. La mayor parte del tiempo estaba solo debido a su carácter reservado; se dice que, en todos sus años de universidad, Newton no tuvo ningún amigo, ni tampoco novia e incluso circula la leyenda de que murió virgen. Sin embargo, esto no parecía suponer una tragedia para el brillante físico: el ser reservado y muy culto era parte de su naturaleza, por lo que pasaba gran parte de su tiempo estudiando y escribiendo acerca de sus dos grandes pasiones: la física y, por supuesto, las matemáticas.

Con el deseo imparable de ser mejor cada día que pasaba, Newton desarrolla más y más sus habilidades, y adquiere un nivel de conocimiento muy profundo en estas ciencias, por lo que sienta las bases de la matemática avanzada moderna: fue él quien invento el cálculo, pues a medida que hacía sus notas de estudio, estaba creando esta disciplina con la misma facilidad con que otros tomaban sus apuntes de primer año, y de aquí extrajo los cimientos para sus maravillosos descubrimientos posteriores.

Isaac Newton fue uno de los mejores matemáticos de su época, pero prefería mantener en secreto sus avances y descubrimientos. A sus 24 años, Newton vivía en casa de su madre; fue allí donde un día, al caer una manzana del árbol bajo el que se había sentado, obtuvo la inspiración que cambiaría para siempre la física, ya que gracias a eso desveló el secreto del movimiento planetario. Este maravilloso científico veía el mundo desde un prisma estructural y geométrico, regido por las leyes inefables de la matemática, por lo que, al ver caer el fruto, lo asoció con la Luna: tendió los ojos al cielo, y se preguntó si el satélite caería de la misma forma. Entonces, en un destello de inspiración, Isaac se hizo consciente que la gravedad, la fuerza que atrae la manzana hacia el suelo en su caída, es la misma que atrae la Luna hacia la Tierra, y la hace girar con ella. Con ello, Newton demostró que las leyes de los cielos son las mismas que las de la Tierra. Sin embargo, este trabajo no fue sencillo: la complejidad de los problemas matemáticos a los que se tuvo que enfrentar para calcular la rotación de la Tierra le desalentaron, y pospuso este trabajo por más de 20 años. Además, se convirtió en profesor de matemáticas en Cambridge, por lo que se adentra aún más en esta ciencia.

En el año de 1672 Isaac Newton se convierte en miembro de la "Royal Society" debido al descubrimiento de un nuevo modelo de telescopio. En dicha sociedad se encontraban los mejores inventores y científicos de Inglaterra.

Su ferviente deseo de crecer y superarse seguía latente, por lo que a sus 42 años se propone resolver un problema que tenía completamente conflictuados a la mayoría de los físicos en Inglaterra: ¿cómo se podía describir matemáticamente la órbita de los planetas alrededor del Sol? Y es así, impulsado con su deseo de triunfo y de hallar esa respuesta, comienza a trabajar arduamente en su obra maestra.

Se encerró en su cuarto, y durante casi dos

años no se comunicó con nadie. Su enfoque era total, así que se dispuso a describir matemáticamente las leyes de la gravedad, una tarea que había iniciado años atrás. Después de trabajar duramente a lo largo de18 meses para encontrar la respuesta, Isaac Newton logra describir desde el punto de vista matemático las leyes de la gravedad, por lo que reaparece de nuevo en el año de 1687 con su obra maestra "LOS PRINCIPIA"; en ella se centra en los fundamentos, por lo que desvela cómo la masa interactúa con la fuerza, la inercia y la aceleración, concluyendo así el proyecto al que se había encomendado años atrás. Sin embargo, su mayor logro fue la formulación de las leyes de gravedad: por primera vez en la Historia, se habla de una fuerza que, a la distancia, determina el movimiento de cuanto existe en el Universo.

Con este obra maestra, Isaac Newton revolucionó el mundo de las matemáticas y de la física; su deseo ardiente de ser alguien grande y lograr cosas extraordinarias en la vida lo llevó a luchar por sus sueños y ser uno de los mejores científicos de la historia de la Humanidad.

Aquí nos comparte parte de su sabiduría:

"Si he hecho descubrimientos invaluables, ha sido más por tener paciencia que por cualquier otro talento".

"Lo que sabemos es una gota de agua, lo que ignoramos es el océano".

"Puedo calcular el movimiento de los cuerpos celestes, pero no la locura de la gente".

"Hay que soñar en grande y actuar en grande para vivir en grande".

Así como Newton, todos podemos lograr ser mejores en lo que hacemos y llegar a desarrollar cosas maravillosas en la vida, algunas inimaginables. Todo depende de la fuerza con la que creas en tus sueños: nunca te des por vencido, lucha con todo tu corazón, cuerpo y alma hasta lograr lo que tanto deseas y anhelas en la vida.

El poeta chileno Pablo Neruda (Premio Nobel de la literatura en 1971), decía: "Muere lentamente quien se transforma en esclavo de los hábitos, quien no se arriesga, quien evita una pasión, quien no arriesga lo cierto por lo incierto, abandona antes de empezar, quien se queja de su mala suerte, quien no viaja, ni lee, quien no sueña, ni persigue sueños, quien no confía, quien no lo intenta, quien no ama. Ser esclavo de los hábitos es exactamente lo contrario a estar vivo. Evitemos la muerte en suaves cuotas, recordando siempre que estar vivo exige un esfuerzo mucho mayor que el simple hecho de respirar. Solamente la ardiente paciencia hará que conquistemos una espléndida vida".

¡Qué hermoso poema!, correlato de esta valiosa enseñanza contenida en la Biblia: *"Nuestra mayor grandeza está en ser pequeños delante de Dios".*

Estando Jesús con sus discípulos, les dijo: "El Reino de los Cielos es semejante al grano de mostaza, que un hombre tomó y sembró en su campo; es la más pequeña de todas las semillas, pero cuando ha crecido, es la mayor de las hortalizas y se hace árbol, de tal manera que vienen las aves del cielo y hacen nidos en sus ramas". (Mateo, 13; 3132 RVR 1960).

*"El servicio
a los demás
lleva a la grandeza
para aquellos
que estén interesados".*

EL DESEO DE SER MEJOR CADA DÍA

*No se trata de ser mejor que otra persona,
se trata de ser mejor de lo que eras tú mismo el día anterior.*
—Ferrán Adriá

Nuestro impulso de seguir creciendo como individuos y ayudar a otros, nos ha llevado a un alto desarrollo y crecimiento en todas las áreas del ser y del saber humano.

Si miramos hacia el pasado, en el siglo XV, nos podremos dar cuenta de la evolución y avances que hemos tenido como civilización, de manera que gracias a todos los aportes que han hecho grandes hombres y mujeres científicos, escritores, poetas, filósofos, doctores, arquitectos, escultores, pintores, ingenieros, músicos, artistas, botánicos, anatomistas, urbanistas, entre otros, han marcado la diferencia entre lo ordinario y lo extraordinario.

Como solía decir el escritor estadounidense William Faulkner; "No te molestes en ser mejor que tus contemporáneos o tus predecesores, intenta ser mejor que tú mismo". Qué maravilloso es el deseo de ser uno mismo, y ser mejor día a día. Cuando iba a la escuela primaria siempre vivía en mí ese deseo de ser el mejor en la clase para todo lo que hacía; sin embargo, siempre puse lo mejor de lo mejor que había en mí en todo lo que hacía, aunque a veces no resultaba como lo deseaba. Quizás te puedas identificar conmigo en esta parte, pues los seres humanos muchas veces hacemos las cosas por hacer, tan sólo por compromiso. Esto no nos ayuda, ya que las hacemos de manera descuidada y el resultado no es el mismo que cuando las llevamos a la práctica con toda nuestra pasión y amor. Y lo mismo nos ocurre como personas: en muchas ocasiones, nos descuidamos a nosotros mismos por nuestra falta de aceptación y deseo patológico de superación. Si realmente queremos crecer como personas y ser mejores versiones de nosotros mismos, tenemos que estar dispuestos a aprender de nuestros errores, a conocernos mejor, capacitarnos, disciplinarnos y amarnos con nuestros defectos y virtudes.

Te compartiré gran parte de las características y cualidades que me han ayudado a ser mejor persona en esta aventura que es la vida:

1. Acéptate tal y como eres, con tus defectos y virtudes.

2. Sé siempre tú mismo, único y original.

3. Desarrolla tus talentos a su máximo potencial junto con tus deseos de ser mejor y triunfar.

4. Piensa en grande, sueña en grande y actúa en grande, pues es la única manera de conectarte con el creador.

5. Ten grandes pensamientos, deseos, sueños y metas, lucha por ellas hasta lograrlas.

6. Dirige tus pensamientos, controla tus emociones y decreta tu destino: esto es sumamente importante que se convierta en una constante dentro de tu vida.

7. Ayuda a las personas con el más grande deseo de tu corazón, ya que hay que dar para recibir.

8. Elimina las excusas, las malas palabras de tu vocabulario, del tipo "fracaso", "adversidades", indecisión", "miedo", "yo", "mi" o "míos". Estas cuatro últimas cámbialas por la palabra "usted"

Recuerda que las palabras tienen mucho poder, ya que cada vez que pensamos algo y lo decimos sale de nuestra boca en forma de vibración, la cual viaja en el espacio y el tiempo con una frecuencia, por lo que, si es positiva, vuelve incrementada en su totalidad de una manera idéntica, pero si es negativa, puede ser muy destructiva. En definitiva, puesto que ERES LO QUE DICES, ten mucho cuidado con qué tipo de palabras salen de tu boca, ya que causan un efecto importante en lo que eres. En la historia del mundo, han existido muchos seres extraordinarios que han dejado una huella imborrable para la Humanidad. Algunos de ellos son el maestro Jesús, Pitágoras, Sócrates, Platón, Galileo Galilei, Mozart, Beethoven, Miguel Ángel, Rafael, Albert Einstein, Henry Ford, Napoleón Hill, Mahatma Gandhi, la Madre Teresa de Calcuta entre otros más, que aún perduran el día de hoy y están sembrando una huella fértil en esta Nueva Era; hablo de personajes de la talla de los creadores de Google, Larry Page y Sergei Brin, Bill Gates de Microsoft, Mark Zukenberg de Facebook, y el celebérrimo Steve Jobs, fundador de Apple y uno de los padres de Dreamworks.

Todos ellos han marcado una gran diferencia en el mundo que perdura hasta el día de hoy; sin embargo, existió antes que ellos una persona que ha marcado su pauta, descrito como un "GENIO UNIVERSAL" por muchos historiadores y biógrafos y reconocido como uno de los tres gigantes en el Renacimiento, junto con Miguel Ángel y Rafael. A este personaje se le reconocía por su alto nivel de conocimiento en todo el espectro del saber humano, especialmente acerca de ciencias y pintura: su nombre era Leonardo da Vinci.

Este genio atemporal consiguió grandes cosas a base de buscar ser mejor cada día, y permaneció en la Historia como el ejemplo perfecto de lucha continua e inspiración para muchos de nosotros. De igual manera, trasciende los siglos su deseo de ayudar a la Humanidad con sus importantísimos aportes e inventos en todas las ramas del saber humano. De hecho, el rey Francisco I de Francia, en el año 1539, le confesó al escultor Benvenutto Cellini: "Nunca ha habido otro hombre nacido en el mundo que supiera tanto como Leonardo, no tanto en pintura, escultura y arquitectura, sino en filosofía".

Leonardo da Vinci nació en Anchiano, Republica de Florencia, Italia, el 15 de abril de 1452. Desde su adolescencia se dedicó a las ciencias y artes, vivió obsesionado por el constante deseo de superación y entrega, lo que le llevó a ser pintor, escultor, escritor, filósofo, artista, poeta, científico, anatomista, ingeniero, botánico, músico, inventor y urbanista, entre otro sinfín de cosas. En resumen, Leonardo era un iluminado, un adelantado a su tiempo, debido a su incesante deseo por superarse a sí mismo. También fue una persona de profundos valores morales: su amor y respeto hacia cualquier forma de vida le llevó a ser vegano (no consumidor de ningún tipo de producto con origen animal), ya que consideraba que todas las formas de vida eran creación del Señor y por ello merecían su amor y respeto. Precisamente por ello, también compraba aves enjauladas que luego liberaba y contemplaba volar en el cielo azul.

Da Vinci nunca se casó ni tuvo hijos, por lo que se ha especulado largamente acerca de su condición sexual; sin embargo, no por ello deja de ser considerado uno de los mejores pintores que han existido, pese a ser zurdo; Leonardo supo aprovechar esta aparente desventaja para crear una nueva perspectiva pictórica, como se observa en sus obras maestras "La Gioconda", "La última cena" y "La Virgen de las rocas", entre otras muchas.

Estas fascinantes obras han cautivado al mundo entero por sus inigualables características e infinito valor, ya que fueron hechas con gran pasión y cuidado por su creador, Leonardo. También realizó excelentes grabados y dibujos, como "El Hombre de Vitruvio" y el "Anciano pensativo", considerado como el último autorretrato del pintor.

En el año 1505 de dedicó a estudiar el vuelo de los pájaros que liberaba de sus jaulas, lo que cristalizó en la obra conocida como "Códice sobre el vuelo de los pájaros". Un año más tarde, Leonardo tomó como alumno a Francesco Melzi, hijo de un aristócrata lombardo, de tan sólo quince años; este alumno se convirtió en su más fiel amigo y compañero

de vida, de hecho, estuvo al l⌐
hasta el momento mismo de su

Además de pintar grande
fue un gran músico e inventor, ⌐
mundo de las ciencias e ingeniería y ⌐
patentar e inventar muchos elemei⌐
necesarios en el mundo moderno, tales como el
tornillo aéreo, el paracaídas, una ingeniosa
máquina para pulir espejos, planos para una
maquina voladora, el puente plegable, el tanque,
la bicicleta, el automóvil, el primer prototipo del
barco a vapor, la escafandra, el carro de
combate y el odómetro, entre muchos otros.
Todas estas invenciones y patentes
revolucionaron el mundo conocido hasta el
momento por el hombre renacentista

A propósito de Leonardo, Bertrand Gille
escribió: "Cuántas biografías se habían escrito
(acerca de Da Vinci) que únicamente
mencionan esta actividad científica o técnica
para demostrar la extensión de un saber que se
pretende universal... Todo esto sólo pudo
hacerse penosamente, por medio de una
búsqueda constante de lo que habían escrito
tanto los antiguos, como sus predecesores
inmediatos... Y, a falta de conocer todo el
pasado que le había conformado, se ha
presentado a Leonardo como un inventor
fecundo".

Da Vinci también estudio arquitectura y
anatomía humana, realizando un sinfín de

...jos de huesos, músculos, tendones, corazón, ...ema vascular, sistema reproductivo y otros ...rganos internos, así como gráficos sobre la estructura ocular.

En el año de 1516, viaja a Francia con su ayudante Francesco Melzi, por lo que se hacen muy buenos amigos. El rey de Francia Francisco I le solicita a Leonardo que trabaje con él en su Castillo de Clos-Luce; Leonardo aceptó y se instaló en el lugar, convirtiéndose en "el primer pin-tor, primer ingeniero y primer arquitecto del rey". Los deseos incesantes de ser mejor y lograr metas cada vez más altas, llegan a su fin el 2 de mayo de 1519 con 67 años, un mes después de redactar su testamento ante un notario de Amboise: su discípulo y más querido amigo Francesco hereda los pinceles y libros del genio, así como los derechos sobre sus obras para que éste las publicara; sin embargo, debido a ello se produjo la dispersión y pérdida de las dos terceras partes de estos invaluables y multidisciplinarios documentos, redactados por Leonardo en la Toscana y codificados por él. En la Ciudad del Vaticano se conservan celosamente los trece mil documentos de su autoría que aún existen.

No hay duda que Leonardo da Vinci fue un GENIO UNIVERSAL que nos legó, gracias a su extraordinario talento, una enorme cantidad de invenciones, obras y patentes que mejoraron considerablemente el futuro de la Humanidad.

Y fue su deseo indomable, su necesidad constante de crecer y superarse, lo que le condujo a superar retos extraordinarios.

El arte de la sabiduría de Leonardo da Vinci está contenida en algunas de sus frases más conocidas:

"El que no valora la vida, no la merece".

"La sabiduría es hija de la experiencia".

"Quien en verdad sabe de qué habla,
no encuentra razones para levantar la voz".

"He ofendido a Dios y a la Humanidad,
porque mi trabajo no tuvo la calidad que debía haber
tenido".

"Quien no castiga el mal,
ordena que se haga".

"Quien poco hace, se equivoca mucho".

El ejemplo de Leonardo nos enseñó, que para llegar a hacer algo grande en la vida, se necesita el deseo indomable de llevarlo a cabo, se necesita de sueños en la misma proporción, y la ferviente voluntad de lograrlo. Y, para llegar a ser mejor en la vida, se necesita la disciplina necesaria para convertirte en lo que deseas, para ser cada día una mejor versión de ti mismo.

Dios, bendice los caminos donde andaré, mis sueños, mis anhelos, mis deseos de ser mejor cada día. Su amor es tan grande, que siempre caminaré a tu lado, porque nunca me abandonarás. Gracias, Padre, por permitirme ser mejor de lo que fui ayer, gracias por tu inmenso amor. Jehová es mi luz y mi salvación, ¿de quién temeré? Jehová es la fortaleza en mi vida, ¿de quién he de atemorizarme?

(Salmos, 27:1. RVR 1960).

CAPÍTULO 4

EL DESEO DE SERVIR Y AYUDAR A LAS PERSONAS

El propósito de la vida humana es servir y para mostrar la compasión y voluntad de ayudar a otros.
—Albert Schweitzer

Una de las mayores satisfacciones que podemos tener los seres humanos es la de poder ayudar y servir a los demás, ya que es una de las mejores maneras de liberarnos del egoísmo y la avaricia; y con eso, también podemos eliminar cualquier rastro de ego en nuestra persona. Así, podemos ayudar y servir a otros con el corazón libre de hipocresías, lo que nos deparará paz y gozo para nuestra alma; pues, como está escrito en el pasaje bíblico, "El servicio a los demás conlleva la grandeza para aquéllos que están interesados".

Si buscas elevarte en un plano mayor de conocimiento y sabiduría, empieza por ayudar y servir a los demás sin esperar nada a cambio, y verás que todo cambiaria a tu alrededor porque entrarás en armonía con las leyes que gobiernan el Universo. A través de estos últimos años, me he dado cuenta que si respetas y aplicas estas leyes, tendrás un arma poderosa en tus manos.

Gracias a esto, puedes comprender que nada es para siempre: todo está en constante movimiento, en evolución continua, independientemente que lo aceptes o no. Mira a tu alrededor y verás como todo cambia, las personas, la flora, la fauna, la eterna sucesión de la noche y el día, incluso las cuatro estaciones, todo está en continuo cambio. Nada es para siempre, excepto tu alma inmortal que se alberga dentro de ti, aquélla que está en contacto directo con nuestro Creador.

La madre Teresa de Calcuta nos dejó un gran legado de amor y servicio hacia el prójimo por lo que muchos deberíamos seguir su ejemplo. Y, hablando de buenos ejemplos, me gustaría compartirte la historia de una persona con un gran corazón a la que admiro y respeto mucho. Es un gran amigo y excelente empresario, apasionado de las artes culinarias y la vida; pero lo más importante, ha ayudado y servido a muchas personas con un deseo imparable de ayuda para dignificar a sus semejantes.

Sady Cerna nació en Honduras en una familia humilde, pero de grandes sueños: su madre una excelente persona, apasionada por la vida y la cocina, y su padre un empresario del transporte. La familia de mi amigo era amplia: tenía doce hermanos y medios hermanos, provenientes de matrimonios posteriores de sus padres, que se separaron cuando él aún era niño. Así pues, se crió con su abuela Angélica Maldonado, con la que vivió hasta que cumplió los diez años. En su país de origen estudió hasta sexto grado de primaria; en ese punto, guiado por su deseo de crecer y explorar, viajó a New York, donde radicaba la familia de su padre. Y fue allí donde cursó el resto de sus estudios primarios, la secundaria y la Universidad, se especializó en Ciencias y Artes Culinarias en el Hudson County Community College de Jersey City, en el año 2002.

Una vez graduado, se posicionó como uno de los Chefs ejecutivos más jóvenes y exitosos de los Estados Unidos, ya que en aquel tiempo apenas contaba con 25 años de edad.

Sady, guiado por sus deseos de superación y crecimiento constante en sus talentos y habilidades dentro del ámbito de la cocina, fue reclutado por las compañías más grandes de la industria culinaria; sin embargo, él tomó la decisión de trabajar para una sola compañía, en la cual desempeñó un puesto muy importante como chef ejecutivo para películas de cine y televisión, por lo que ha trabajado al lado de celebridades tales como Nicolas Cage, Tom Hanks y Nicole Kidman.

Mi amigo siempre dice del arte culinario que "la cocina no es una obligación sino una pasión"; así pues, y en busca de nuevos retos, Sady decide dejar la empresa en la que llevaba más de diez años cocinando para las más grandes celebridades de Hollywood, y viaja a Singapur decidido a iniciar una nueva vida, dejando todo lo que conocía atrás.

Sady superó sus viejos sueños para poder alcanzar los nuevos, mucho más elevados aunque también riesgosos; no en vano, mi amigo siempre dice "sigue soñando, porque el día que dejes de soñar, será como si estuvieras muerto"; así pues, se establece en Juron West, un área industrial de Singapur, en el año 2005.

Impulsado por sus sueños, por el deseo de cambiar su vida y enriquecer la de otros, tres meses después, utilizando su grandiosa creatividad y habilidades como chef ejecutivo y empresario, abre su primer restaurante, llamado "Pan Y Vino".

Comienza entonces una nueva etapa en su vida, por lo que se relaciona con un empresario multimillonario que se hallaba en graves apuros con uno de sus restaurantes, pues, mes tras mes, arrojaba números rojos; este local cercano a la quiebra fue convertido, en menos de tres meses, en uno de los restaurantes más concurridos y productivos de la época gracias a su gerente general, que no era otro que mi amigo Sady.

A partir de entonces, el éxito de Sady comenzó a crecer vertiginosamente, por lo que varias importantes compañías del ramo comenzaron a solicitar sus servicios de consultoría. Pero no se quedó ahí: en el año 2007, fundó la compañía "Chef Culture", dedicada a enseñar y motivar estudiantes de secundaria con el fin de guiarlos en su futuro profesional, y enseñarles los secretos de la cultura culinaria. Ayudó y encauzó a muchos jóvenes acerca de la importancia de la mano de obra dentro del sector culinario, y en la industria de "Food and Beverages", preparándoles para ser independientes y tener un brillante futuro profesional.

Sus estudiantes llegaron a ser 1500, tan sólo en Singapur; el día de hoy, muchos de ellos han seguido los pasos de Sady y se están desarrollando en la industria como ayudantes de cocina y chefs.

Sady comienza a expandirse y a trabajar en nuevos proyectos, de lo que nace su otra compañía, "Caffe Culture", dedicada al catering y al mercado del café corporativo; pero no se queda aquí, y movido por su deseo de crecer y ayudar a más personas "ofreciéndoles una oportunidad de cambio de vida, no de trabajo", un año después nace su más famosa compañía, "Sady´s", dedicada a la restauración y que acabó convirtiéndose en una de las principales compañías culinarias a nivel internacional.

Sady siguió cosechando éxitos por todo el mundo y cumpliendo la mayoría de los sueños que se había propuesto lograr; sin embargo, el 20 de abril de 2011, un hecho traumático sacudió su vida: la muerte de su madre por cáncer, que lo condujo a una profunda depresión. Sin embargo, mi amigo no es de los que se dejan caer, por lo que unos meses después, tras sanar las dolorosas heridas emocionales que provocó el fallecimiento, retomó su actividad empresarial más fuerte que nunca, para demostrarse a sí mismo y a los demás que "hay que enfrentar la tristeza con escudo y espada, para que las memorias se queden y los dolores se olviden".

De esta experiencia que él atravesó y pudo superar, nos comparte su sabiduría:

"La experiencia no se adquiere por los años vividos, se adquiere por los caminos que se han recorrido", "Los cambios son buenos en la vida, porque todos los caminos son nuevos", o "No importa lo que hiciste ayer, lo que importa es lo que haces hoy para lo que viene mañana".

Ese mismo año, nace una nueva compañía de

su factoría, "Sady's Dinner", con lo que expande aún más sus sueños y proyectos. Hoy en día, Sady viaja por todo el mundo consolidando y agrandando su emporio; pero también, ayudando a sus amigos y a más personas a vivir sin preocupaciones económicas, dándoles un ejemplo de inspiración y motivando a llevar los sueños de cada uno a la realidad.

También, con su negocio ayuda a mucha gente en el mundo gracias a su incansable trabajo y financiación de obras de caridad para muchas instituciones, tales como "Children's Kidney Center", "Children's Cancer Foundation", y "Beyond Social Service", fundación que se dedica al cuidado y apoyo de niños con síndrome de Down, entre otras muchas.

Por último, me gustaría compartir una hermosa dedicatoria que Sady hizo para su hija, Minimi:

"Caminaré contigo, día y noche, sea por lugares pedregosos y arena. Y te prometo que, sobre todas las cosas, siempre caminaré contigo" .

La historia de Sady nos muestra que, pese a todos los obstáculos con que nos topemos a lo largo de nuestra existencia, nunca debemos rendirnos, porque es nuestra premisa divina el seguir luchando. Cuando conocí a Sady, sentí que era una persona muy especial, bendecida por Dios; pero también un ser con un corazón excepcional y un firme deseo de ayuda y entrega al prójimo.

El gran filósofo Pitágoras solía decir:

"Ayuda a tus semejantes a levantar su carga, pero no te consideres obligado a llevársela".

Así pues, debemos comenzar a actuar de buena fe, ayudando a nuestros semejantes con la mayor humildad en el corazón y sin pedir nada a cambio, ya que al hacerlo, nuestra carga se aligerará y podremos caminar más ligera la senda de la vida.

Mas entre vosotros no será así, sino que el que quiera hacerse grande entre vosotros será vuestro siervo; como el Hijo del Hombre no vino para ser servido, sino para servir y dar su vida en rescate de muchos.

(Marcos, 20:262728, RVR 1960).

EL DESEO DE DESARROLLAR TUS HABILIDADES Y CAPACIDADES

Yo no digo que todos los hombres sean iguales en su habilidad, carácter o motivaciones, pero sí afirmo que deberían ser iguales en su oportunidad para desarrollar el propio carácter, su motivación y sus habilidades.
—John F. Kennedy

Buscar siempre la manera de motivarnos y superarnos, ha sido el gran impulso que nos ha llevado al punto de civilización que poseemos en el momento presente. El deseo de crecer y ser mejores personas nos ha convertido en la más brillante muestra de superación, ya que estamos en constante avance y desarrollo de cuanto el ser humano es y conoce. De hecho, durante los últimos 2000 años, el ser humano ha demostrado ser el ejemplo más capaz de adaptación y supervivencia en el reino animal, lo que nos ha llevado a colocarnos en la cima de la cadena trófica.

Hago notar esto, porque es muy importante resaltar que, gracias al deseo de "SER, TENER Y HACER", hemos sido los precursores de estos avances imparables en el desarrollo humano.

En la anterior obra que escribí, "INVENCIBLE", describo cómo en base a todos estos avances y a nuestro LIBRE ALBEDRÍO, hemos avanzado y decidido lo mejor para nuestra supervivencia en este planeta; en otras palabras, "hemos decidido vivir y luchar por prevalecer hasta el momento que Dios nos preste la vida".

Adaptación y superación nos definen como especie. El biólogo inglés Charles Darwin escribió a propósito de ello: "En la lucha por la supervivencia, el más fuerte gana a expensas de sus rivales debido a que logra adaptarse mejor a su entorno". Sabemos que la historia del ser humano se ha venido escribiendo por años desde el comienzo de la existencia del ser humano en la Tierra hasta el día de hoy, donde ha habido un cambio muy notorio que trasciende todos los ámbitos en los que se desarrolla el ser humano.

Aquí surge una pregunta muy importante: ¿qué fue fue lo que nos ha llevado a este cambio tan significativo y positivo? Sin duda alguna, una de las cosas más importantes ha sido nuestro de deseo de sobrevivir, de luchar, de ser más a cada momento, de ser mejores y, sobre todo, de vivir.

No obstante, una de las cosas que tambíen nos ha permitido llegar a este punto ha sido la ferviente pasión por la vida y la creencia de que hay algo que sobrepasa todo en este Universo: Dios, pues Él es la fuente inagotable de vida, el que nos da todo para estar aquí. También ha sido un punto capital de la evolución humana el desarrollo de nuestras habilidades y capacidades para llegar a donde queramos: hemos conquistado los océanos y avanzamos a cada segundo en la exploración y conocimiento del espacio exterior, en un camino sin fin para alcanzar y superar nuestras barreras. Nuestros talentos son el regalo que se nos ha sido otorgado al venir a este mundo para desarrollarlos y ayudarnos, tanto a los demás como a nosotros mismos.

A tenor del desarrollo constante, me gustaría compartirte la historia de un extraordinario ser humano a quien admiro y respeto con todo mi corazón, pues es una de las muestras más grandes que he visto del desarrollo de habilidades y capacidades sin ningún tipo de límite. Y, de hecho, así lo expresa él en una de sus frases más célebres:

"Tú puedes lograr todo lo que te propongas en la vida, pues no existen los obstáculos ni mucho menos las limitaciones. Las únicas limitaciones que existen son mentales y no físicas, por lo que no hay excusa para lograr lo que tanto deseas en la vida. Todo es posible con la ayuda de Dios".

Este humilde personaje, a la vez que gran soñador, ha impactado la vida de muchas personas en el mundo con su ferviente de deseo superarse y de ser un ejemplo de inspiración para la Humanidad. Cuando lo conocí hace un par de meses, me impactó sobremanera, ya que hay en él algo muy especial; por así decirlo, es un ángel para muchos hombres y mujeres. Le considero como una bendición que ha llegado a mi vida y a la de los que le rodean, ya que planta en nuestra mente y corazón semillas de amor, fe y esperanza. Además, es un ejemplo de superación constante, ya que posee un imparable deseo de desarrollar los talentos que Dios le dio para convertir de esa manera sus sueños en realidad.

Él dice a menudo que las limitaciones no son físicas si no mentales, ya que nació con el síndrome de Klippel-Feil, una rara enfermedad congénita que consiste en la fusión de dos de las siete vértebras cervicales, entre otras características. Debido a ello, también nació con los oídos cerrados, un brazo con un solo dedo, y sin manos; y sus problemas en la columna vertebral le condujeron a ser sometido a cinco cirugías reconstructivas. También sufre de problemas respiratorios, y un problema en el paladar le llevó a quedar alrededor de una semana en estado de coma.

Su situación física, así como una delicada salud, le pusieron en un lugar donde muy pocos querrían estar; sin embargo, este guerrero incansable luchó por su vida hasta llegar a superar todas las limitaciones que la vida había colocado en su camino.

El día de hoy comparte con nosotros, desde lo más profundo de su corazón, su impactante historia de lucha y superación, junto con la manera en que ha venido desarrollando sus habilidades y capacidades para vencer cuanto obstáculo se ha puesto por delante y tornar sus sueños brillante realidad.

Erick Torres nació el 15 de octubre de 1984 en la ciudad de New York, en el seno de una familia humilde y trabajadora. Su padre y su madre, de origen dominicano, trabajaban en una fábrica, aunque siempre estaban al pendiente del cuidado de Erick y su hermana menor. De esta infancia, Erick aprendió el valor de la superación personal como medio para desarrollar sus habilidades y capacidades. Fue un niño muy tímido debido a sus defectos físicos, que él no consideraba tales; sin embargo, en la escuela sus compañeros se burlaban de él por tener un solo brazo, un dedo y no tener manos. En realidad, los otros niños estaban asustados, ya que Erick se salía del patrón y no podían aceptarlo como un chico más.

Esta situación no sólo se daba en la escuela: también en la calle y en su vecindario causaba una gran impresión, por lo que en ocasiones era despreciado por sus convecinos. Sin embargo, este humilde soñador no permitió que los prejuicios infundados le detuvieran, por lo que siguió adelante hasta el punto de desarrollar sus habilidades en diversos deportes, tales como el soccer, tenis, basquetbol y béisbol, entre otros.

A Erick le apasionaba asistir a la escuela sin importar que niños y adultos se burlaran de él, demostrándose a sí mismo y a los demás que era capaz de lo que se propusiera; de hecho, Erick logró ganar muchos trofeos en diversos deportes, lo que incrementó el nivel de fe que se tenía para poder alcanzar objetivos más grandes. Una de sus maestras siempre le daba ánimos para seguir adelante y no rendirse; esto reforzó la credibilidad de Erick en sí mismo, por lo que empezó a acudir regularmente a terapias para poder seguir desarrollando sus capacidades.

Y es que, francamente, las habilidades de Erick son extraordinarias: come ayudándose de sus pies, se baña y rasura solo, cepilla sus dientes, se cambia de ropa, pinta obras de arte (algunas de las cuales están en su hogar), escribe con los pies, utiliza la computadora y el celular, toca diversos instrumentos musicales, practica deportes, anda en bicicleta y automóvil gracias a la ayuda de su dedo. Así pues, como él suele decir, no hay limitaciones, ya que cuanto ha logrado hacer en sus treinta y un años es reflejo de su pasión por la vida y el deseo de ser mejor persona cada mañana.

Erick termina el "High School" en 2003, obteniendo un diploma por haber cursado durante tres años. Un año más tarde, Erick fue enviado a una escuela de educación especial para personas discapacitadas en Edison New Jersey; allí permaneció durante un año, perfeccionando cada día sus habilidades para escribir, hablar y leer.

Tras graduarse en la escuela, Erick comienza a buscar trabajo como empleado de empresas; sin embargo, en la mayoría de los trabajos donde aplicaba recibía una negativa, puesto que era una persona sin experiencia y no apta para trabajar; además, por recomendación de su doctor, Erick requería un trabajo a tiempo parcial, ya que no podía portar cargas pesadas ni realizar trabajos duros.

Desalentado del empleo por cuenta ajena, decide trabajar a partir de 2006 en New Jersey, el área donde residía, y alrededores en la venta de discos compactos de música y películas que producía él mismo, llegando a ganar semanalmente entre 160 y 300 dólares. Esto suponía un ingreso de casi 15,000 dólares al año, lo que mejoró sustancialmente su situación económica y la de su familia, pues hasta el momento, Erick había debido moverse a pie y en transporte público para realizar sus ventas.

El joven se convirtió en un gran vendedor y la gente del medio le empezó a reconocer su talento, por lo que después de un tiempo de arduo trabajo, y gracias al apoyo incondicional de su familia, obtuvo la licencia para conducir y compró su primer automóvil, lo que le facilitó los largos desplazamientos para cumplir con sus ventas.

Erick nos comparte algunas frases célebres desde el fondo de su corazón:

"Si yo puedo hacerlo, tú también puedes hacerlo, no hay excusas".

"Sueña en grande y piensa en grande, tú lo puedes lograr".

*"Levántate, esfuérzate, anímate
y manos a la obra".*

Durante los últimos años, Erick continúa haciendo sus ventas y ha estado involucrado en la industria de las redes de mercadeo, las cuales están causando un impacto muy grande en la vida de muchas personas a nivel mediático, desarrollándose como un gran líder y motivador.

Erick tiene ahora 31 años y está empezando a vivir su sueño, por lo que está muy agradecido con la vida y con Dios por la maravillosa oportunidad de estar aquí con vida.

Al momento de estar escribiendo estas letras y compartiendo su grandiosa historia, Erick se está preparando para hacer su primera obra: un audiolibro de motivación, el cual llevara por título *"Una vida sin obstáculos"*, y que estará disponible muy pronto.

Estamos apoyando y entrenando a este gran soñador para que vuelva sus aspiraciones realidad y se convierta en lo que tanto desea ser: un excelente escritor y conferencista motivacional. Esta maravillosa historia ha impactado mi vida y la de muchas personas, así como la tuya quedará impactada al final de estas páginas.

Desarrolla tus habilidades y tus capacidades para lograr todo lo que te propongas, y nunca te detengas hasta lograrlo. Como decía George Herbert: "La habilidad y la confianza son un ejército que es invencible", lo que se completa con esta frase de Stephen R. Covey: "El hábito es la intersección de los conocimientos (qué hacer), habilidad (cómo hacer) y el deseo (querer hacer)".

Por tanto, no basta con desear cosas grandes en la vida, hay que desarrollar día a día las habilidades y capacidades necesarias para obtenerlas.

"Así nosotros, siendo muchos, somos un cuerpo de Cristo y todos miembros unos de los otros. De manera que, teniendo diferentes dones, según la gracia que se nos es dada, si el de profecía, úsese con-forme a la medida de la fe; o si de servicio, en servir; o el que enseña, en la enseñanza; el que exhorta en la exhortación, el que reparte con liberalidad; el que preside con solicitud, el que hace misericordia con alegría". (Romanos, 12:5678 RVR 1960).

EL DESEO DE ALCANZAR LA ABUNDANCIA, PROSPERIDAD, FELICIDAD Y PAZ.

*La felicidad es interior, no exterior;
por lo tanto, no depende de lo que tenemos, sino de lo que somos.*
—*Henry Van Dyke*

En la actualidad, podemos ver a muchas personas que viven sus vidas muy acomplejadas, tristes, mediocres, llenas de negatividad; también son notoriamente pobres, ya que viven inconformes con lo tienen, por lo que siempre están insatisfechas con lo que son y poseen. Por todo ello, viven quejándose, lo que les impide progresar y alcanzar la felicidad. Olvidan que "la verdadera felicidad en la vida consiste más en hacer que en tener, ya que cuando nos mantenemos produciendo nos sentimos útiles, por lo que agregamos más valor y sentido a nuestras vidas y las de nuestros seres queridos".

El historiador y filósofo escocés Thomas Carlyle solía decir: "En el hombre existe algo más elevado que el amor a la felicidad. El hombre puede vivir sin la felicidad y, en su lugar, buscar la santidad... No ames los placeres, ama a Dios. Él es la eterna afirmación donde se resuelven todas las contradicciones; el lugar donde todo aquél que camina y trabaja se encuentra bien".

En una hermosa tarde de verano, al caminar por el parque con mi hijo menor, llegó a mi mente y corazón un rayo de inspiración divina que iluminó mi espíritu de amor y paz; a partir de aquella vivencia, escribí lo siguiente para hacer énfasis en lo que es la verdadera felicidad:

Gran parte de los seres humanos llevan vidas muy aburridas, dolorosas, limitadas y muy pobres; ciertamente, viven de manera muy monótona. Muchos tardan en descubrir que la clave absoluta de la felicidad radica dentro de sí mismos, en su interior, muy cerca del corazón, pues allí abunda la energía más poderosa del Universo: EL AMOR.

¡Inicia este día, desde este momento, con una nueva mentalidad, con nuevos deseos de superación y triunfo! ¡Bendiciones!.

Muchas veces, los seres humanos no valoramos lo que tenemos, las personas, objetos y cuanto nos rodea, ya que pensamos que siempre estarán en nuestras vidas; y es por ello, que no le damos valor ni importancia a estos maravillosos regalos que nos han otorgado, los cuales son grandes bendiciones para que aprendamos a vivir una vida mejor, una existencia llena de abundancia, prosperidad, paz y felicidad. Y todo esto es así, porque nuestro Creador nos lo da todo para tener un camino lleno de logros.

Sin embargo, Él también nos prueba con el fin de que valoremos y disfrutemos Sus dones, para que cuando sean pocos los valoremos, y cuando sean abundantes nos sintamos privilegiados y agradecidos. En mi tercera obra, "Invencible", hay una frase muy bella que va acorde a este maravilloso concepto: "La verdadera felicidad del ser humano está dentro de sí mismo, al estar en paz consigo mismo y con Dios". El deseo de ser abundantes, prósperos, felices y llenos de paz depende de lo agradecidos que seamos con nuestro Creador por lo que ya somos y tenemos; una vez que empecemos a mostrar esa gratitud y deseo de ser felices con lo poco que tengamos, se desatarán las fuentes de la abundancia y los ríos de prosperidad que se albergan en nuestro inmenso Universo.

Una de las frases más célebres de John Lennon reza así: "Cuando tenía cinco años, mi madre siempre me decía que la felicidad es la clave para la vida. Cuando fui a la escuela, me preguntaron qué quería ser cuando fuera grande. Escribí "feliz". Me dijeron que no entendía la pregunta, y yo les dije que ellos no entendían la vida". Esta bella reflexión que el músico nos presenta es muy ilustrativa de nuestras vidas. ¿Qué son la abundancia y la prosperidad en realidad? ¿Qué significado tiene la felicidad en tu vida? Muy ilustrativo de nuestras vidas. Para entender estos conceptos a profundidad, viajaremos en el tiempo, hace más de 2000 años, donde me tomaré el atrevimiento de hacer mención a la vida del gran maestro Jesús, quien sin duda alguna es y ha sido el ejemplo más radiante de abundancia, prosperidad, felicidad y paz que jamás haya existido. También haré uso y mención de varios pasajes y citas contenidos en las Sagradas Escrituras.

En uno de los pasajes de la Biblia, con respecto a la paz, Él mencionó: "La paz os dejo, mi paz os doy; yo no os la doy como el mundo la da. No se turbe vuestro corazón, ni tenga miedo" *(Juan, 14:27 RVR 1960)*. Es un grandioso placer y me siento muy bendecido de poder compartir con ustedes esta maravillosa historia, basada en la vida real del *HOMBRE MÁS GRANDE DE TODOS LOS TIEMPOS: EL GRAN MAESTRO JESÚS*. Como nos podemos dar cuenta, el deseo de compartir con la Humanidad de todo corazón, de buena fe, con humildad, pureza y divinidad nos lo otorgó Él.

Todas estas bendiciones se hallan conectadas de una manera muy sencilla, a través de los principios y leyes universales; si somos capaces de comprenderlas, empezaremos esa maravillosa travesía hacia la abundancia, prosperidad y paz que nos son otorgadas desde el momento mismo de nuestro nacimiento y esperan a que estemos preparados para tomarlas. El maestro Jesús ya nos empezó a mostrar la senda con estas palabras que le dirigió a sus discípulos: "No se turbe vuestro corazón; creéis en Dios, por tanto creed también en mí; yo soy el camino, la verdad y la vida. Nadie llega al Padre sino a través de mí. Si me conociesen, también a mi Padre conocerían; y desde ahora, Le conocéis y Le habéis visto" *(Juan, 14:167 RVR 1960).*

El Padre, tal y como Él lo menciona, es el que nos provee de todo para que nada nos falte y seamos abundantes, prósperos y plenos de paz y felicidad. Él es la puerta, debemos seguir sus caminos y nos guiará por sendas repletas de plenitud y parabienes.

La vida de Jesús nos ha llegado a través de los cuatro Evangelios: el de Mateo, Marcos, Lucas y Juan. Fue en tiempos de César Augusto, emperador de Roma, y Herodes el Grande como rey de Judea, cuando comienza la existencia terrenal del gran maestro.

María y su esposo José, de profesión carpintero, vivían en la ciudad de Belén; un día, Dios envió al arcángel Gabriel a visitar la ciudad de Nazaret, donde anunció a María, que era virgen, que quedaría encinta por obra y gracia del Espíritu Santo y daría a luz un niño de nombre Jesús, que significa "hijo de Dios". María queda embarazada y decide acudir a visitar a su prima Isabel, que también se hallaba en estado de buena esperanza. Su prima, que esperaba el nacimiento del que más tarde sería Juan el Bautista, bendijo a María y al bebé que llevaba en su vientre. En ese momento, el César ordena un censo de todos los habitantes de Judea y Galilea, por lo que José y María viajan a Belén para inscribirse. Sin embargo, muchas personas tuvieron su misma idea, por lo que no encontraron posada ni refugio donde instalarse, tan sólo un pesebre; y fue en ese humilde lugar donde nació el Hijo de Dios.

Sin embargo, un ángel se apareció a un grupo de pastores para anunciarles el nacimiento del salvador, Jesucristo; y tres reyes de tierras lejanas acudieron, guiados por una estrella, a presentar costosos regalos al Niño. Siete días después, José y María acudieron con Jesús al Templo para presentarlo ante Dios y practicarle la circuncisión, tras lo cual regresaron a Nazaret.

En Nazaret, Jesús creció, y al llegar a los doce años, sus padres lo llevaron a la ciudad; una vez allí, el joven se extravió. Tras buscarlo incansablemente durante tres días, los angustiados padres encontraron a Jesús en el Templo, sentado con los ancianos y rabinos. A pesar de su corta edad, hablaba como un sabio, lo que provocó la admiración de todos los que le rodeaban; Jesús comenzaba a sembrar en esas personas sus luminosas semillas de paz, amor y felicidad, sin embargo sus padres, que aún estaban preocupados, le llevaron de regreso a casa.

En el camino a casa, ellos le comentaron su aflicción por no poder encontrarlo durante tres días, a lo que Jesús respondió: "¿Que no ven que es en los asuntos del Padre donde tengo que estar?" María y José no comprendían y se limitaban a mirar con perplejidad a aquel joven que hablaba como sabio.

Desde aquella tierna edad, Jesús fue muy sereno, y lleno de gozo y paz. Los años pasaban y Él iba creciendo en conocimiento y sabiduría. El amor que sentía por la Humanidad, y la felicidad que le deparaba esto, se expandía cada vez más en su pecho, por lo que lo compartía con todos aquéllos que le rodeaban. Al poco tiempo, Dios habló a Juan el Bautista, que se hallaba en el desierto haciendo penitencia, con el fin de que empezase a predicar el bautismo de arrepentimiento, para lavar los pecados de las personas con abluciones en el río Jordán.

Juan comenzó su labor, por lo que muchas personas le preguntaban si era Cristo, el Mesías, a lo que él respondía: "yo sólo les bautizo con agua, pero llegará aquél que les bautice con el fuego del Espíritu Santo; Él es tan grande, que no soy digno de desatar sus sandalias". Entonces Jesús, que había acudido al río Jordán para que Juan le bautizara, recibió la visita del Espíritu Santo ante los ojos de todos en forma de paloma blanca, mientras resonaba una voz desde las alturas que decía *Éste es mi hijo amado, mi predilecto"*.

El gran maestro, que en ese momento tenía treinta años, regresó a su casa imbuido del fuego del Espíritu, por lo que acudió al desierto en busca de iluminación. Y fue allí donde Satanás le tentó con diversos manjares y promesas de poder, pero Jesús permaneció íntegro y firme a sus ideales. El imperativo de Jesús de cumplir su misión en la Tierra y para con la Humanidad, le llevó a tornarse cada día más fuerte y cimentar su alma en la sabiduría, fortaleza, amor por el prójimo y fe, tal y como el Padre lo deseaba.

Pasados cuarenta días, el gran maestro regresa a Nazaret y comienza a predicar la Palabra de Dios, dando comienzo así a su vida pública; en primera instancia, su mensaje no fue bien recibido y casi le arrojan por un despeñadero, pero Él logró esquivarlos y pasar a través de ellos sin recibir daño alguno. Muchas personas le acusaban en su ciudad natal de ser un falso profeta, por lo que decidió viajar a Capernaum (Galilea), donde encontró a sus doce discípulos y compartió vida y enseñanzas con ellos.

Inicia en este punto una de las más grandes etapas de Jesús sobre la Tierra, ya que comienza a ayudar a multitud de personas gracias a sus milagros. Uno de los más ilustrativos es el de Jairo; en una ocasión, Jesús salía de predicar en el tempo, cuando un hombre con el rostro de la desesperación se acercó a Él para rogarle que salvara a su hija: la pequeña apenas tenía doce años, y se estaba muriendo. En ese momento, llegan las malas noticias: uno de sus allegados informa a Jairo que su hija acaba de morir. Sin embargo, Jesús le exhorta a que tenga fe, pues ésta la salvará; y decide visitar la casa del angustiado padre para observar a la niña. Una vez llegados, Cristo le dice a Jairo que su hija está bien, pues tan sólo está dormida. Y le dijo que se levantara. Y la niña se levantó.

Tras la resurrección de la hija de Jairo, los milagros comenzaron a producirse más a menudo. Poco a poco, el gran maestro iba reuniendo a sus discípulos y ya eran multitudes quienes seguían sus pasos. A lo largo de una noche y un día, Jesús escogió a sus discípulos más cercanos, que Él llamaría apóstoles: Pedro, Andrés, Santiago, Juan, Bartolomé, Felipe, Tomás, Mateo, Simón, Santiago, Judas Tadeo, y Judas Iscariote, quien lo traicionaría más tarde, al ser tentado por el enemigo. En ese punto, los comenzó a entrenar, equipar y posicionar de manera muy humilde y sencilla.

Guiados por Jesús y el espíritu de Dios, los doce apóstoles empiezan a seguir los pasos del gran maestro impulsados por su doctrina de ayudar y servir a las personas. En cierto momento al estar con ellos les dijo; *"AMEN A SUS ENEMIGOS, HAGAN BIEN A QUIENES LOS ODIAN, BENDIGAN A QUIENES LOS MALDICEN Y OREN POR QUIENES LOS INSULTAN",* así como también; "Con la vara que midan, Dios los medirá", por tanto, *"Perdonen y Dios los perdonará".*

Toda su doctrina, basada en la no violencia y el amor al prójimo, se traduce en enseñanzas tales como *"No juzguen a otros para no ser juzgados", "Si alguien te pega en la mejilla, ofrécele la otra", "Hagan a los demás lo que desean que hagan con ustedes", "Aquél que sea enaltecido, será humillado, y aquél que sea humillado, será enaltecido", y* posiblemente *la* más *importante* enseñanza, *"Amen al prójimo como a sí mismos".*

Jesús siguió recorriendo pueblos y ciudades, siempre proclamando el Reino de Dios y acompañado por sus doce apóstoles, los cuales en cada ciudad quedaban más asombrados por los prodigios de su maestro, entre los que se contaban la devolución de vista a ciegos, la sanación de cojos y leprosos, y los exorcismos. Con cada nuevo milagro, Jesús iba prendiendo el espíritu de la fe y la admiración, tanto entre sus apóstoles como en las multitudes. Sin embargo, al poco tiempo se enfrenta a una nueva vicisitud: su primo Juan el Bautista es encarcelado por Herodes, puesto que condenó la unión del rey con la mujer de su hermano. Tristemente, fue decapitado.

Jesús hablaba a sus semejantes a través de parábolas, basadas en ejemplos e historias sencillas que conducían a las verdades más profundas. En ese entonces, el gran maestro viaja en barco con sus discípulos, y al llegar a la orilla del lago Tiberíades, un hombre poseído por el espíritu del Mal, al reconocer la naturaleza divina de Jesús, le pide que no los mande al abismo, ya que es un espíritu maligno conformado por muchos, y solicitó permiso para entrar en una manada de cerdos que se encontraban cerca de allí; Jesús accedió pero los cerdos, al ser poseídos, corrieron al mar, allí se ahogaron y el hombre quedó con su espíritu sano, libre de los demonios.

El gran maestro seguía recorriendo gran cantidad de pueblos cuyos habitantes comenzaron a seguirle a Él y a sus discípulos.

Las multitudes de creyentes eran cada vez más numerosas, por lo que, en cierto momento de encontrarse visitando la ciudad de Betsaida, uno de sus discípulos se percató que la comida y el pan no eran suficientes.

Al comunicárselo a Jesús, Él les dijo que ofrecieran alimento a las multitudes ellos mismos, pero no conseguían comprenderle, ya que sólo contaban con cinco panes y dos pescados. Y es a partir de esas humildes viandas, que Jesús realiza uno de sus más grandes milagros: levantó la mirada al cielo con la canasta de víveres en sus manos, dando gracias a Dios, y multiplicó el alimento hasta tal punto que pudo comer toda la multitud. Las enseñanzas del maestro confortaban a las gentes a la vez que éstos se empapaban de toda su sabiduría, por lo que poco a poco fue sembrando en el mundo su semilla de amor, paz, esperanza y felicidad.

El deseo de cumplir su misión estaba por delante de su integridad física; Jesús sabía que su misión no estaría completa sin el martirio y muerte en la Cruz, por lo que comenzó a preparar a sus seguidores para ello. De hecho, en una ocasión les dijo: *"Aquél que quiera seguirme, que cargue su propia cruz"*, junto con *"Dejen que los muertos entierren a sus muertos"*.

Cuando, días antes de la Pascua judía, Jesús y sus discípulos se encontraban en los alrededores de Jerusalén, éste llevó a la montaña a tres de ellos y se mostró investido de cuerpo angélico, acompañado de dos hombres vestidos de blanco: eran los profetas Elías y Moisés, que le anunciaron dónde moriría y le exhortaron a cumplir la voluntad de su Padre.

En especial gracias a los milagros, que eran cada vez más frecuentes y espectaculares, muchas personas se preguntaban si Jesús era en realidad el Mesías que el pueblo judío había estado esperando. El gran maestro compartió con sus discípulos más cercanos la manera en que deben orar al Padre, a través de la oración del Padrenuestro, ya que, como decía Jesús: "El don de orar es el más grande de todos los dones que Dios nos ha otorgado para entrar en contacto directo con Él".

A la hora de predicar, el gran maestro siempre hacía notar a sus discípulos que era muy importante incrementar su fe, así que no debían dudar de nada porque Dios no les abandonaría, siempre estaría con ellos y con todos nosotros hasta el final de los tiempos, pues ellos son la verdadera abundancia, paz y prosperidad para los seres humanos. Todo el amor por sus discípulos se resume en la siguiente frase:

"Pidan y se les dará, busquen y encontrarán, toquen la puerta y se les abrirá".

Discretamente, con ello el maestro estaba comenzando a dirigirlos hacia las puertas del Paraíso, donde abundan todos estos dones, y que se abren de par en par al estar en paz con uno mismo y con Dios. Para Jesús no había nada más importante que esto, lo que se refleja en sus palabras:

"No se preocupen por lo que han de comer para vivir, ni por la ropa que han de usar; la vida vale más que la comida y el cuerpo más que la ropa. Fíjense en los cuervos: ni siembran, ni cosechan, ni tienen despensa, sin embargo Dios les da de comer. Y cuánto más valen ustedes que los cuervos".

Esto significa que las riquezas eternas están en el Cielo, no en la Tierra; mucha gente se desvive por añadir una hora más a su vida, pero si no son capaces de realizar estas pequeñas cosas, no han de preocuparse por lo demás. Entonces, Jesús siguió caminando con sus discípulos, y al llegar a una bella pradera donde se sentaron a descansar, le pidieron que incrementara su fe. Las palabras de Jesús fueron brillantes y claras como la mañana: *"Si tuvieran la fe como un grano de mostaza, podrían decirle a este árbol arráncate de aquí y plántate en el mar, y el árbol obedecería".* Y es por eso, que el día de hoy contamos con expresiones como *"la fe mueve montañas",* o *"la fe es el único antídoto ante el fracaso".*

Jesús predicaba con el ejemplo, por lo que siempre daba buena cuenta de su enorme fe, justicia y amor. El gran maestro, por ejemplo, les dice a sus seguidores que de los niños es el reino de Dios, por lo que permitieran que se acercaran a él.

Y ay de aquéllos que dañen a un niño, pues de igual forma serán juzgados por Dios. En uno de sus viajes por los polvorientos caminos de Judea, Jesús se encontró con un grupo de mercaderes ricos, uno de los cuales le preguntó qué era necesario para entrar en el Reino de los Cielos y alcanzar la vida eterna, ya que habían seguido todas las leyes que la ley judía prescribía, incluidos los diez mandamientos otorgados por Dios a Moisés:

1. Amarás a Dios sobre todas las cosas.
2. No tomarás el nombre de Dios en vano.
3. Santificarás las fiestas.
4. Honrarás a tu padre y a tu madre.
5. No matarás.
6. No cometerás actos impuros.
7. No robarás.
8. No dirás falsos testimonios ni mentiras.
9. No concebirás pensamientos ni deseos impuros.
10. No codiciarás los bienes ajenos.

Y Jesús le otorgó al mundo un nuevo mandamiento, el mandamiento del amor: "Amaos los unos a los otros como yo os he amado". La clave para llevarlo a cabo, se encuentra en otra perla de sabiduría que nos dejó el maestro:

"Vende todo lo que tienes y dáselo a los pobres, así tendrás riquezas eternas en el cielo; entonces ven, y sígueme".

Ante esta respuesta, los mercaderes torcieron el gesto y se quejaron a Jesús, exclamando que ellos eran mercaderes y ricos; a lo que Cristo les respondió valientemente:

"¡Qué difícil va a ser para los ricos entrar en el Reino de Dios, pues antes pasará un camello por el ojo de una aguja que un rico al Reino de los Cielos!"

El divino maestro les hizo esta aseveración para que abrieran sus mentes y corazones a Dios, y no sólo a las cuestiones materiales, pues éste es el único camino para construir las riquezas que importan, las del alma. De hecho, Jesús gustaba de adornar sus parábolas con personajes de las clases más humildes, tales como vinateros, sembradores, pescadores, etc.

Los discípulos de Jesús, cuyo número iba creciendo enormemente a medida que avanzaba el tiempo, se empezaban a identificar con las sabias palabras del maestro, por lo que la fe seguía aumentando dentro de sus corazones.

Jesús hacía milagros con los que sanaba almas y cuerpos, y cada vez que visitaba un nuevo pueblo, acudían a Él masas de gente hambrienta y sedienta de la Palabra de Dios, esas enseñanzas llenas de amor que el Padre enviaba al mundo a través de su divino Hijo.

En su camino a Jerusalén, donde celebraría su última Pascua, el divino maestro decide hospedarse en la casa de un gran mercader de Damasco llamado Zaqueo, el cual era un gran comerciante y recaudador de impuestos. Jesús comparte con Zaqueo unos días en su casa, y desde allí anuncia una vez más el momento que estaba escrito por los profetas: su muerte. Tan impresionado quedó el mercader con las enseñanzas de Cristo, que al partir éste de su casa, decide repartir sus bienes entre los pobres y ser humilde desde lo más profundo, desde el corazón.

Finalmente, cuando Jesús llegó a Jerusalén, fue duramente cuestionado por los ancianos y fariseos de la ciudad, que lo sentían como una amenaza creciente ya que su entrada estuvo acompañada de una enorme multitud jubilosa, que lo vitoreaba y aclamaba como Mesías.

En la Última Cena, en la cual celebraban la Pascua judía, Jesús prepara a sus discípulos para lo que ha de venir compartiendo con ellos el pan y el vino, confirmando así el pacto y celebrando la primera Eucaristía. En ese punto, anuncia también, profundamente afligido, que uno de sus discípulos le traicionará, y otro habrá de negarle tres veces antes de que cante el gallo, al amanecer. Es precisamente en el momento que está anunciando su muerte, cuando el diablo toma el corazón de Judas Iscariote, quien sale precipitadamente del cenáculo y vende a su maestro al Sanedrín por treinta monedas de plata para después suicidarse, acosado por los remordimientos.

Aquella noche, Jesús ora en el Monte de los Olivos presa de la angustia; sin embargo, el Padre escucha sus palabras y envía un ángel para reconfortarle. Es entonces cuando se produce el prendimiento, y Jesús es llevado ante la justicia romana, encabezada por el abominable gobernador de Judea en ese momento, Poncio Pilato, responsable de la dura represión al pueblo judío y de miles de crucifixiones. Éste, no encontrando a Jesús culpable de ningún delito, le envía al Sanedrín, donde es condenado por los ancianos; sin embargo, no podían ejecutar una pena de muerte sin la aprobación de Poncio Pilato, cuestión a la que finalmente acaba cediendo, presionado por los fariseos. La última esperanza de los apóstoles se apoyaba en una tradición propia de la Pascua judía, por la que el procurador romano liberaba al preso que fuera elegido por la multitud; sin embargo, las gentes, influenciadas por el Sanedrín, escogieron al ladrón y asesino Barrabás en lugar de a Cristo.

Comienza entonces un camino de dolor y desesperanza de los apóstoles, que culminará con la muerte en la cruz de Jesús, tras mil vilipendios e insultos por parte tanto de los ancianos como de la multitud influenciable. Éste fue el precio que nuestro salvador pagó para lavar nuestros pecados y perdonar nuestras culpas.

Por ello te pido, querida o querido lector, que sientas, desde lo más profundo de tu corazón, una fuente de agradecimiento hacia el Hijo y el Padre, ya que con la muerte de Jesús salvaron la mejor parte de nosotros, nuestra alma. Por ello, hay que honrarlo diariamente cumpliendo al pie de la letra Sus mandamientos y siguiendo el camino de la verdad. Jesús, tal y como le había anunciado a sus discípulos, resucitó al tercer día para confortarles a ellos y a todos nosotros, para iluminar la senda que nos vino a mostrar.

El gran maestro, el hombre más grande que haya existido a lo largo del tiempo, entrenó, posicionó y equipó a sus discípulos, pero también a cada uno de nosotros para que siguiéramos sus pasos, el invaluable ejemplo que nos legó; Él vive en los corazones de todas las personas que escuchan y difunden Su palabra. La verdadera abundancia, felicidad, prosperidad y paz en nuestras vidas la hallaremos de Su mano, al estar en paz con Él y con Dios. ¡Amén!

Bienaventurados los perfectos de camino,
los que caminan en la ley de Jehová.
Bienaventurados los que guardan
Su testimonio y con todo
el corazón le buscan.

(Salmos, 119:12 RVR 1960).

EL DESEO DE PERFECCIONAR TU SER Y ELIMINAR LAS EXCUSAS E IMPUREZAS EN TU VIDA.

*Mejorar es cambiar; ser perfecto
es cambiar a menudo.*
— *Winston Churchill*

Aún recuerdo con alegría el 15 de junio del año 2013, cuando comencé a escribir mi primera obra, "El camino a la excelencia", nacida del profundo deseo de comunicar a la Humanidad un poco de mí, de mis ideas, experiencias y pensamientos. Y ya en aquel primer instante, desde la primera letra, sabía muy dentro de mi corazón que el escribir una obra conllevaría que siguiera redactando una tras otra, como si de un gran efecto dominó se tratara, que nunca iba a parar sino hasta que Dios me diera la oportunidad de hacerlo.

Como muchas cuestiones en la vida, el comenzar a ser autor tiene una raíz, una profundidad a la cual tenemos que llegar para poder entender el porqué de las cosas y, en el caso de los seres humanos, porqué actuamos como lo hacemos. Sabía que debería hacer muchos sacrificios, actuar con humildad, amor y paz y, sobre todo, predicar con el ejemplo todo lo que decía, cosa que ya llevaba aplicando en mi vida bastantes años.

Mi punto de partida fue entender que debía estar en armonía con "la gran Ley Impersonal" para liberarme de todos los prejuicios y pasiones, de manera que pudiera guiarme únicamente por mi deseo de servicio a la Humanidad. También comprendí que debía estar en armonía con la gran ley que abarca todo, la fuente y causa de todo el Universo: la "Ley del Amor", la cual establece que para uno entrar al verdadero servicio de la Humanidad, tiene que olvidarse de uno mismo y dedicar su corazón a los demás sin distinción de sexo, raza o creencia, poniéndose a trabajar en favor de todos los Hijos de Dios. Sólo así la persona podrá entrar en contacto directo con el Creador, comenzar a fluir y atraer todo lo bueno y puro del Universo. Por ello, rechacé cualquier tipo de lujos personales, comodidades y recompensas materiales: sabía que, si empezaba a cambiar mi manera de pensar y vivir, *"moriría para volver a nacer"*.

Me convertiría en una persona completamente diferente, globalmente cambiada, que al perfeccionar y purificar mi ser las puertas del Templo de la Sabiduría y la Eternidad se abrirían para mí

Tal vez te preguntes por qué hice esto. Fue a partir de aquella iluminación en el parque, con mi hijo pequeño en brazos, cuando comprendí que las verdaderas riquezas no son de este mundo, pues cuanto hay en él es temporal; sin embargo, las riquezas eternas esperan eternamente en el Paraíso ya que viven una vida de total plenitud bajo la luz de Dios, guiadas por Él y la verdad. Y es que la verdad es inmutable, inalterable, inquebrantable y se eleva por encima de todos los deseos, emociones y pertenencias de este mundo.

El filósofo y escritor inglés James Allen dijo en una ocasión: *"La verdad de un hombre es directamente proporcional a su amor, pues la verdad se aparta de aquél que no está regido por el amor"*, ya que la verdad y el amor provienen de Dios.

Por ello, comprendí que al seguir y respetar estas leyes eternas, alcanzaría los gloriosos caminos de la ilustración, el amor y la paz, a través de los cuales podría purificar y perfeccionar mi ser, permitiéndome llegar al templo inmortal de la sabiduría.

De esa manera, fui poco a poco eliminando el

ego de mi alma, hasta eliminarlo de mi vida, ya que entendí que el ego es la negación a la verdad, mientras que la verdad es la negación al ego.

Se dice que en la vida hay dos amos para cada persona: el primero es el ego, el cual es un amo terrible (príncipe de la Tierra), y el segundo es la verdad, el ser supremo y divino (Dios); por ello, debemos tener mucho cuidado con a quién servimos, ya que mientras exista el ego, siempre habrá egoísmo, impureza, soberbia, envidia, malas pasiones, negatividad y cuanta bajeza existe en este mundo.

Como solía decir Francisco Rubio Bermejo: "La soberbia y el egoísmo son los padres de la soledad". Pero si sirves a la verdad, al Ser Supremo, te liberarás de ellas, por lo que podrás entrar al camino de lo inmortal, de lo puro, lo bueno, lo infinito y eterno. En "El camino a la excelencia", marcó la pauta para empezar a desarrollarse en este proceso de perfeccionamiento y purificación, tanto para mí como para muchas otras personas que han tenido el placer de leer esa obra; y esto es así, porque en este libro está plasmado el camino a la excelencia, siempre guiados por Dios y el deseo de perfeccionamiento en nuestro ser.

Y, como mencionaba previamente, tuve que morir para volver a nacer, dejando atrás malos hábitos y vicios, pensamientos negativos y bajas pasiones, que me torturaron incansablemente durante años, ya que pertenecían a la oscuridad y el ego.

Sacrifiqué cuanto había de personal y transitorio en mi vida, para renacer en lo impersonal y permanente; parte del proceso también consistió en desprenderme de los elementos mundanos que separan la oscuridad y el materialismo, de la luz de la excelencia y el deseo de lograr más desde dentro de uno mismo. Por ello, el 15 de septiembre de 2013 se culminó y publicó "El camino a la excelencia" en idioma tanto español como inglés, dando inicio así a un camino lleno de bendiciones y éxitos consecutivos; esta obra fue nuestra introducción al mundo guiados por el deseo de ser mejores personas, la superación, el buscar ser alguien en la vida y hacer algo grande con ello, el dejar una huella en este mundo para las generaciones venideras y, sobre todo, *EL DESEO DE SERVIR Y AYUDAR A LA HUMANIDAD,* siempre guiados por Dios y el camino a la excelencia de la persona para estar en paz tanto con uno mismo como con Él.

Buscando impactar en muchas personas del mundo, pero sobre todo en mí mismo, eliminé todas las excusas que había en mi vida y comencé a perfeccionar mi ser, para lograr así este sueño maravilloso y gran deseo de mi corazón. Fue entonces con esta obra como inicié mi propósito de vida, y los seminarios, conferencias y charlas motivacionales que comencé a impartir complementaron y enaltecieron esta misión personal que Dios me envió a cumplir a la Tierra.

Al hacer un repaso exhaustivo de uno de mis libros favoritos, obra del ya mencionado James Allen, me sentí identificado con él en muchas cosas que componen el eje medular de la vida; por ello, comprendí plenamente sus palabras, cuando en su obra "De la pobreza a la riqueza" menciona, con respecto al Reino de la Verdad, "hombre tonto y vanidoso que piensas que muchas palabras podrán salvarte, hombre que, encadenado al error, hablas a gritos de ti mismo, de tu trabajo y tus muchos sacrificios para manifestar tu propia importancia, te digo lo siguiente:

"Aunque tu fama llene el mundo entero, ¡toda tu labor se convertirá en polvo! A ti se te reconocerá por debajo de lo más íntimo en el Reino de la Verdad, el Reino de Dios".

Debemos eliminar todas las excusas e impurezas de nuestra vida, pues sólo entonces seremos realmente felices. Aquél que no está dispuesto a ello, vivirá por siempre esclavo del ego y de sus pasiones, por lo que su existencia será condicionada, pobre y mediocre, ya que al vivir dominados por el ego seremos siempre sus siervos por lo que esa venda en nuestros ojos y en nuestros corazones nos cubrirá eternamente con un manto de ignorancia y mediocridad.

Sin embargo, la persona que opta por seguir la verdad, dejar las justificaciones y los actos deleznables y acepta perfeccionar su ser, está encaminándose con pasos de gigante al Reino de la Verdad, donde todo es abundancia, prosperidad, paz y felicidad infinitas

Aprendí en mi proceso de purificación que hay tres cosas con las cuales no podemos vivir, ya que son verdugos del ser humano y nos pueden llegar a aprisionar en el calabozo de nuestro inconsciente, por lo que no nos permitirán ser felices y lograr cuanto nos propongamos en la vida; estas tres cosas son:

LA DUDA: la semilla de la duda en nuestras mentes y corazones nos llevará al error continuo, permaneceremos paralizados, completamente quietos en la senda de la vida.

EL MIEDO: la semilla del miedo es un fantasma que nos paraliza, nos retiene impidiéndonos avanzar, por lo que no nos permite correr a abrazar todos nuestros sueños y aspiraciones.

LA INDECISIÓN: la semilla de la inseguridad es algo muy dañino para el ser humano ya que tiñe su alma de inestabilidad y duda; esto nos detendrá de pies y manos, por lo que no avanzaremos hacia los grandes deseos de nuestro corazón.

Nombre estas tres cosas en voz alta, identifica tu objetivo ya que es muy importante que las elimines de tu vida, si en verdad quieres cambiar tu manera de pensar y vivir cada día. Nuestra mente no puede albergar ninguno de estos tres cultivos, puesto que pueden germinar en ella inconscientemente, sin que te des cuenta, y de manera repentina alterar tu vida y la de tus seres queridos.

En nuestra mente se albergan muchos pensamientos; algunos pueden ser positivos y otros negativos, pero es mejor para los seres humanos vivir con los positivos ya que éstos nos llevaran a lo puro, lo bueno, a la verdad, un mundo de luz. Sin embargo, los otros nos conducirán directos a un pozo de oscuridad, de desesperanza, y ambos cultivos no pueden existir a la par, debe prevalecer uno solo.

Se ha dicho que el poder de los pensamientos es increíble, pues con el simple pensamiento atraemos e influenciamos a cuanto nos rodea: así, teniendo una mentalidad positiva, atraeremos personas y situaciones luminosas, lo que podremos cristalizar en algo material, construyendo así cosas extraordinarias; sin embargo, si tenemos un pensamiento negativo, con el solo hecho de concebirlo dentro de nuestra mente, se empieza a dañar y demacrar todo cuanto existe a nuestro alrededor, empezando por lo que tenemos más cerca: nuestros seres queridos. En conclusión, hay que tener mucho cuidado con lo que pensamos y decimos.

Uno de mis mentores siempre me repetía: "Eres lo que piensas y serás lo que quieres ser"; al principio era difícil entender esto, pero con el tiempo lo fui asimilando y ahora lo comprendo bien, es más: se convirtió en una de las máximas que guían mi vida. Nuestra mente es el tesoro más grande que poseemos, ya que en ella vamos guardando los bellos recuerdos y las experiencias que nos va dejando el tiempo, y ahí permanecen hasta que partimos de este mundo terrenal.

Nuestros pensamientos son energía, por lo que debemos tener cuidado con lo que pensamos, ya que los resultados pueden ser igualmente magníficos o desastrosos.

Una vez que terminé mi primera obra y la publiqué, se encendió en mí el deseo y la sed de seguir escribiendo para plasmar en mi segunda obra un poco más de mí, de mi vida, experiencias, ideas y pensamientos. Guiado por este divino anhelo de mi corazón, día y noche estaba escribiendo; casi no dormía y me saltaba algunas comidas, por lo que en cierta manera pagué el precio de mis sueños. Pero todo este proceso estaba impulsado por el deseo ardiente de seguir perfeccionando mi ser a través de una segunda obra, de plasmar para el mundo una mejor historia de superación; por ello, tras treinta largos días de lucha continua y arduo trabajo, puse mi cuerpo, mente y espíritu en un estado de autocontrol, a todos los niveles. Este proceso fue tan catártico, tan cercano a la iluminación, que mantuve este método para todas las obras que escribí posteriormente. Aprendí que, como escritores, tenemos que estar en perfecta armonía con Dios y la Naturaleza (alinear mente, cuerpo y espíritu) para purificar nuestro ser, nuestros pensamientos, ideas y las letras con las cuales compartimos al mundo nuestras historias y hazañas. De esta manera, con la auténtica vivencia del escritor, ustedes como lectores, al tomar una obra y comenzar a leerla, pueden sentir aliar nuestra esencia como literatos y la energía con la cual fueron plasmadas esas letras, provenientes de pensamientos buenos y puros.

Entonces, el 15 de octubre del 2013, publicamos el segundo fruto de este anhelo en mi corazón, la obra "Diseñados para triunfar", igualmente en inglés y español. Deseaba seguir eliminando impurezas y excusas de mi vida, y ésta fue la mejor manera, la más terapéutica, en que pude lograrlo. Ese libro nos hizo seguir mejorando y ayudar a muchas más personas en todo el mundo, ya que al compartir "las Trece Llaves del Éxito", mucha gente se identificó con estas cualidades y virtudes que todos tenemos aunque sea de manera latente, y que algunos decidimos desarrollar para lograr cuanto nos propongamos en la vida y alcanzar el verdadero éxito.

Unos meses más tarde, más concretamente el 15 de febrero de 2014 y gracias a ese firme deseo de lucha y superación, concretamos la versión audiolibro de "Diseñados para triunfar", lo que nos llevó a un nivel más alto de credibilidad y a un público más amplio.

Decidimos cambiar para bien, decidimos vivir una vida mejor, decidimos hacer cosas más grandes y extraordinarias que poder compartir de corazón a toda la Humanidad, decidimos ser una mejor versión de nosotros mismos, decidimos dejar una huella hermosa en el mundo, decidimos rectificar nuestros corazones para rectificar nuestras vidas, decidimos conquistarnos a nosotros mismos, para así conquistar el mundo. Sin embargo, en este punto, una tormenta llegó a mi ser tratando de destrozar mi vida, mis sueños y todos los grandes anhelos de mi corazón: tuve un accidente en la nieve, en el cual resbalé y caí golpeándome la cabeza y la mitad del cuerpo, por lo que quedé en cama durante más de un mes con la columna y las cervicales dañadas, la ciática inflamada y el tobillo tan magullado que apenas podía caminar.

Y fue en este punto, tirado en esa cama de hospital sin apenas poderme mover, y pidiéndole a Dios mucha sabiduría, discernimiento, justicia y fuerza de voluntad, en que pude levantarme de aquella cama y seguir cumpliendo tanto los deseos de mi corazón como mi propósito de vida con un enorme *DESEO IMPARABLE* de expandir mi corporación a nivel mundial para así llegar a todos aquellos lugares donde antes no había podido o me había permitido llegar.

Entendí también algo que me ayudaría a seguir en la lucha, una frase bíblica que reza: "Compra la verdad, y no la vendas, ni la sabiduría, la enseñanza o la inteligencia" (Proverbios, 23:23 RVR 1960). Nació así, inspirada por estas bellas palabras, la Corporación Alejandro C. Aguirre el 18 de febrero de 2014, enfocada al desarrollo humano y la superación mental a través del firme propósito de ayudar y servir a más personas en el mundo.

En este punto comprendí que mi misión, proveniente directamente de los más profundos deseos y anhelos que habitan en mi corazón, era poner en las manos de cada persona, especialmente de los niños, ya sea vivan en Londres, Sidney o New York, un libro para su desarrollo y superación personal. Deseo que mi ayuda llegue tanto al niño que vive en una pradera, montaña o rancho, como a un niño como el que yo fui, que habita donde las campanas suenan cada domingo, que puedan tener acceso a nuestros materiales y servicios, tales como libros, audios y conferencias.

Esto inmediatamente despertó la necesidad de seguir perfeccionando mi ser, compartiendo y sirviendo a la Humanidad; y el fuego de mi interior ardía más vivo que nunca, ya que esta vez teníamos un compromiso aún más grande no sólo con la compañía, sino como dignos representantes de muchas personas que confiaban en nosotros y nos apoyaban porque veían en nosotros un claro ejemplo de lucha, superación e inspiración. Y así era, pues había trabajado duramente en erradicar mis vicios y malos hábitos en el proceso.

Así fue como nació nuestra tercera obra, "Invencible", también en ambos idiomas, mejorada y perfeccionada en todos los aspectos. Este libro marcó una revolución en mi vida, como escritor y conferencista motivacional; y también fue muy importante para mi equipo de trabajo y las personas que nos han estado siguiendo y apoyando desde los inciertos comienzo (sé que, al estar leyendo esto, ustedes saben a quién me refiero): muchas gracias por su incondicional apoyo, por estar siempre ahí, al pendiente de nosotros.

El año 2014 fue simplemente grandioso, lleno de bendiciones para todos nosotros pues hemos aprendido mucho tanto de nuestros aciertos como de nuestros errores; en otras palabras, hemos aprendido tanto de los errores como de los triunfos, y todo ello nos convirtió en mejores humanos, ya que pudimos localizar y erradicar nuestras fallas.

Sin embargo, la historia no acaba ahí: hemos venido impartiendo muchas conferencias, seminarios, talleres y charlas para muchas personas, además de compartir momentos muy agradables y llenos de felicidad al lado de mucha gente hermosa.

El deseo imparable de perfeccionar nuestro ser, limando de él excusas e impurezas como si de un diamante se tratara, nos llevó a escribir nuestra cuarta obra, "Las siete gemas del liderazgo", basada en la comprensión de qué es realmente el liderazgo, cuáles son las características de un verdadero líder, las leyes que lo gobiernan y sus niveles. Entre sus inspiraciones, se cuentan los textos de Zig Ziglar, Jim Rohn, Og Mandino y John Maxwell con el fin de seguir ayudando a las personas a consolidar su liderazgo personal, familiar, social y laboral. Queda así esta obra como una reliquia, como un regalo invaluable para la Humanidad, en su versión única de audiolibro. Y ése fue el deseo principal que nos guió a realizarla.

El 24 de Diciembre del 2015 decidimos hacer la versión audiolibro de "Invencible: Los 12 Diamantes del Éxito" hecha con mucho Amor para compartirla con toda la humanidad. Hacemos todo con mucho Amor y buenos deseos para ayudar a todas las personas. Pero no nos detuvimos aquí: estamos en el camino, seguimos avanzando y, como puedes observar el día de hoy, tienes en tus manos esta obra de título "Re-Ingeniería Mental", que logramos escribir al alinear nuestra mente, cuerpo y espíritu, pero sobre todo al estar en armonía con Dios y la naturaleza, ya que entendimos y respetamos los principios y las leyes universales que nos rigen, las aceptemos o no. Y aun así, seguimos trabajando en muchos proyectos más, pues nuestro deseo imparable nos impulsa a seguir adelante y con la ayuda de Dios lo conseguiremos.

En mi vida ya no existen excusas, las impurezas han sido eliminadas y seguirán siendo inexistentes en mi día a día, ya que como seres imperfectos, habitantes de esta Tierra, estamos expuestos tanto al Bien como al Mal. Mi ego está siendo aniquilado, porque a cada paso que doy me acerco al camino de la verdad, el camino de la luz, la senda de Dios. Por ello, purificamos nuestro ser, y así será hasta el último día que Dios nos dé la oportunidad de seguir en esta mágica aventura de la vida.

William Shakespeare decía:

"Siempre me siento feliz, ¿sabes por qué? Porque no espero nada de nadie; esperar siempre duele. Los problemas no son eternos, siempre tienen solución. Lo único que no se resuelve es la muerte. La vida es corta, por eso ama, sé feliz y siempre sonríe. Vive

intensamente, y recuerda: antes de hablar...
escucha. Antes de escribir... piensa. Antes de
criticar... examínate. Antes de herir... siente.
Antes de orar... perdona. Antes de odiar... ama.
Antes de gastar... gana. Antes de rendirte...
intenta. Antes de morir... ¡vive!"

Qué maravillosas palabras. Sigue el ejemplo de Shakespeare: elimina las excusas de tu vida, aniquila el ego de tu persona, vence al fantasma del miedo, derrota el fracaso y las adversidades. Elimina las impurezas de tu vida, purifica tu ser. Déjate guiar a través del Camino de la Verdad, respeta y entra en armonía con la ley más grande de todas, la Ley del Amor, y verás cómo te tornas INMORTAL, INVENCIBLE E INDESTRUCTIBLE.

En una ocasión, Jesús le dijo a un joven rico: "si quieres ser perfecto, anda, vende lo que tienes, dalo a los pobres, y tendrás un Tesoro en el cielo; entonces ven, y sígueme".

(Mateo, 19:21 RVR 1960).

CAPÍTULO 8

EL DESEO DE MARCAR LA DIFERENCIA ENTRE LO ORDINARIO DE LO EXTRAORDINARIO.

*Éxito es hacer cosas ordinarias
de manera extraordinaria.*
—Jim Rohn

En una ocasión, conocí a una persona muy exitosa en su vida personal y profesional pues había logrado alcanzar muchas de sus metas, cumplido sus sueños y realizado gran parte de los deseos y anhelos que guardaba en el corazón; éstos habían salido de la oscuridad, y pasaron a materializarse gracias al constante esfuerzo de esta persona. Por ello, estaba ayudando también a muchas otras personas para que convirtieran sus aspiraciones en realidad. Esta persona fue un gran mentor y fuente de inspiración constante para mí ya que, muy a parte de su abultada cuenta bancaria, se conducía siempre con la mayor humildad y serenidad.

Por respeto a su persona, no mencionaré su nombre, sin embargo puedo decir que esta astuta y sabia persona hizo por mí algo que me cambiaría la vida para siempre: estando en una reunión de negocios que solíamos hacer una vez por año en New York, me hizo tres preguntas: "¿Ya sabes cuál es tu pasión en la vida? ¿Sabes cuál es tu propósito en la vida? O, mejor aún, ¿Qué prefieres ser: una persona extraordinaria, alguien que marque la diferencia entre lo ordinario y lo extraordinario, que haga grandes cosas para ayudar a la Humanidad y dejar su huella en este mundo una vez que ya no estés aquí para ser recordado?".

Fue un 15 de mayo, aún lo recuerdo perfectamente. Después de escucharlo con atención, surgió dentro de mí el deseo de hacer algo que en verdad valiera la pena en mi vida, pero que sobre todo ayudara a muchas personas y a mí mismo a ser mejores en esta brillante travesía que es la existencia.

Permanecí en silencio unos momentos, pues sabía lo que quería, pero no exactamente cómo expresarlo; así que analicé, medité y reflexioné, y entonces le dije: "ya sé lo que deseo hacer en mi vida". Le di las gracias por haber despertado en mí ese gigante que permanecía dormido dentro de mi pecho y que habita en cada uno de nosotros, esperando a ser despertado por uno mismo o por alguien más; y es por eso, que los seres humanos necesitamos motivación para vivir, inspiración para guiarnos y el deseo ferviente en nuestro corazón para lograr cosas meritorias del camino recorrido.

Dejar de ser ordinario y convertirme en una persona de éxito extraordinaria: ésa era exactamente la meta de mi vida. Después de esa reunión con mi multimillonario amigo, jamás volví a ser el mismo; él me dio el empujoncito que necesitaba para comenzar a desarrollar mi pasión por la vida, la cual es escribir libros y dar conferencias motivacionales. Descubrí mi lugar en el mundo, y afirmarme en él es lo que he hecho desde entonces, no teniendo más límite que el cielo ni más dudas que hasta dónde llegaría. Hallé mi propósito de vida al comenzar a caminar esta senda con el humilde deseo de ayudar a cuanta persona pudiera a convertir sus sueños en realidad, inspirándoles con mis obras y conferencias. Pasé de ser un hombre ordinario y limitado, a un ser sin límites y extraordinario.

Muchas veces, los seres humanos necesitamos que alguien más nos ayude a crecer, a motivarnos e inspirarnos para continuar con lo que ya habíamos empezado o deseábamos comenzar; eso fue en realidad lo que hizo mi amigo por mí, el demostrarme que debía volver a soñar, y cumplir mi propósito en esta vida para luego poder partir en paz a la siguiente. Así como él lo había hecho y seguía escalando día a día la montaña, cada vez más alto, él deseaba que yo lo hiciera también, que cumpliera mi propósito en esta Tierra.

En otra ocasión, mi amigo me dijo: "Alejandro, todos los seres humanos tenemos una misión en la vida y tenemos que cumplirla, ya que Dios nos envió aquí con esa misión, y no seremos llamados hasta cumplirla". Las sabias palabras de esta persona causaron en mí un impacto como de una bala que llegaba hasta lo más profundo de mi ser, se tradujo en una iluminación que me motivó e inspiró a soñar a lo grande, pensar en grande, actuar en grande, ¡y vivir en grande!

Elbert Hubbard dijo: "Una máquina puede hacer el trabajo de 50 hombres corrientes. Pero no existe ninguna máquina que pueda hacer el trabajo de un hombre extraordinario". Muchas veces los seres humanos no valoramos nuestras vidas como debiéramos, por lo que nos conformamos con una existencia mediocre, pobre, negativa y muchas veces sin sentido, por lo que muchos se deprimen y caen en el ocio y el conformismo.

Sin embargo, también existimos personas que sabemos el regalo invaluable que es la vida, otorgado por Dios para ser felices y ayudar a otros muchos a alcanzar la plenitud; por ello, apreciamos y valoramos cada día de nuestra vida, de manera que le sacamos el máximo provecho realizando acciones que cambien la vida de las personas y les inspiren, de la misma forma que mi amigo me inspiró a mí. Y al cruzar, como cinta de meta, esa línea que separa lo ordinario de lo extraordinario, logramos cumplir nuestra misión terrenal; de hecho, hay muchas personas que han cruzado esa línea, tales como Galileo Galilei, Newton y Albert Einstein, que, gracias a sus aportes a las áreas de la física, las matemáticas y la astronomía, cambiaron drásticamente el futuro del mundo, o inventores como Alfred Nobel, Benjamin Franklin, Thomas Alva Edison o Emerson, que con sus aportes contribuyeron a crear la realidad que vivimos hoy. De hecho, pese a todos los avances alcanzados en este momento, el tren no se detiene: Steve Jobs, Bill Gates, Anthony Hopkins, Serguei Brin, Larry Page y otros muchos siguen trabajando para crear, en el hoy, los días del futuro.

Hablando de los grandes ejemplos de personas que han impactado al mundo, les compartiré una breve historia de un gran ejemplo a seguir, ya que en base a sus acciones y logros, es uno de los más claros ejemplos de superación personal e inspiración para lograr el éxito en todos los ámbitos de la vida. Esta persona guió su vida en base a sus principios y virtudes, lo que le llevó a hacerse un nombre propio en la Historia gracias a sus espectaculares hazañas y a ser un constante ejemplo de lucha y conquista hasta el último momento de su vida. Este hombre fascinante ha logrado marcar la diferencia entre lo ordinario y lo extraordinario, por lo que cada vez que escuchamos o leemos su nombre, éste nos evoca un gran líder y humanista que siempre estuvo al servicio de la Humanidad.

Fue uno de los militares más jóvenes y destacados de todos los tiempos, ya que conquistó la mayoría del mundo conocido en esa época, y sólo la muerte le apartó de su misión en la vida. De hecho, su nombre resuena hasta el día de hoy y no sólo en los libros de Historia, sino también en la vida de muchas personas, incluyendo la mía. Iniciaré por identificarme con él, ya que no sólo compartimos el mismo nombre, sino que en esta maravillosa historia hay un secreto que, al lograr entenderlo, sabremos por qué fue así nombrado y la definición de su misión, de manera que podamos comprender plenamente el legado que nos dejó.

Alejandro Magno fue rey de Macedonia desde el año 336 a. C. hasta su muerte en el 323 a. C., con tan sólo treinta y dos años. Su nombre tiene un origen griego, y significa "el defensor, el protector o el salvador del hombre". Alejandro nació en Pella (Macedonia), hijo de Filipo II de macedonia y Olimpia de Épiro, en el año 356 a. C.

Este gran general poseía una figura física hermosa, pese a ser de complexión baja y robusta: tenía un cutis claro y bello, cabello ondulado y rubio y ojos heterócromos (el izquierdo era de color castaño, el derecho gris). Ya desde niño le gustaba aprender, y fue extremadamente disciplinado en la escuela, lo que le convirtió en un alumno sobresaliente. Su temperamento era activo, sensible, enérgico y ambicioso.

A los trece años, el joven fue puesto, por orden expresa de su padre, bajo la tutela de el gran filósofo Aristóteles, que se convirtió en su amigo y mentor; el maestro griego le enseñó cuanto sabía de ciencias, política, elocuencia, historia natural, etc. Pasaron los años, y Alejandro siguió creciendo tanto desde el punto de vista físico, como en sabiduría, lo que lo prepararía para ser el gran rey en el que pronto se convertiría.

Como muchos de nosotros, había un gran héroe que el joven Alejandro admiraba con todo su corazón; de hecho, cada noche leía sus hazañas en "La Ilíada" de Homero, y cuando acudía al sueño, lo hacía con la obra bajo su almohada. Ese titán de la Antigüedad era Aquiles de Troya, considerado como un legendario guerrero y nombrado en la Ilíada como "el de los pies ligeros", ya que se le consideraba el más veloz de todos los hombres.

Una de las más famosas anécdotas en la juventud de Alejandro, narrada por el escritor y biógrafo Plutarco, cuenta que en una ocasión, el rey Filipo II compró un caballo tan bravo que nadie era capaz de domarlo ni mucho menos montarlo; guiado por su sabiduría y perspicacia, y pese a ser aún un niño, Alejandro se percató de que el caballo se espantaba de su sombra, razón por la cual no permitía que nadie se le acercara; sin dudarlo un instante, montó al caballo y, con ayuda de las riendas, dirigió la mirada del caballo al sol. Fue así como Bucéfalo, el caballo preferido de Alejandro Magno, entró en la vida del joven rey, convirtiéndose en el caballo más importante de la Antigüedad, y acompañó fielmente a su amo hasta que la muerte le sobrevino en la batalla de Hidaspes. Tras lograr esta hazaña el valeroso muchacho, a lomos de su implacable corcel, informó a su padre que debía buscarse otro reino, ya que Macedonia no era lo suficientemente grande para él.

Así pues, guiado por su enorme deseo de triunfo, de darle un giro extraordinario a su vida, Alejandro siguió preparándose con Aristóteles bajo la férrea supervisión de su padre. A los veinte años, decidió cumplir aquello que dijo a lomos de Bucéfalo, e inició una expedición de conquista contra el Imperio Persa.

En el año 336 a. C. un funesto acontecimiento sacude su vida: Filipo II es asesinado por Pausanias, uno de sus capitanes de guardia, lo que convierte al joven guerrero en único heredero y sucesor al trono. Desde el momento que Alejandro toma el poder, inicia su extraordinaria aventura de conquista y cosecha de triunfos que cambiaría el mundo entero; sin embargo, como gobernante se dio cuenta que su padre había tenido un reinado muy poderoso con estilo marcial; el antiguo rey era muy experimentado y dominante, por lo que Alejandro decide empezar a conformar su propia historia y marcar la diferencia entre lo ordinario del reinado de su padre y lo extraordinario de todo cuanto lograría él, empezando por la conquista del Imperio Persa, que contaba con uno de los ejércitos más fuertes y grandes de la época. Sin embargo, al principio de su reinado también debió enfrentarse a no pocas contrariedades: aprovechando su juventud y la muerte de Filipo II, muchos pueblos sometidos a Macedonia aprovecharon para levantarse, pero el joven rey aplastó la rebelión.

En el año 334 a. C., Alejandro Magno comenzó la campaña militar contra el Imperio Persa, dirigido por Darío III; pese a la evidente inferioridad numérica, el macedonio consiguió derrotar a los persas y obtuvo como tributo dos hermosas princesas, las cuales convirtió en sus esposas, que más tarde le darían sendos hijos:

Heracles y Alejandro IV de Macedonia.

En el año 332 a. C., Alejandro es recibido en Egipto con honores de divinidad; de hecho, fue coronado en Menfis con el tocado de los dos reinos, que lo acreditaba como faraón y

Amún-Re viviente. Sintiéndose muy cómodo en la tierra de las pirámides, el nuevo faraón funda al año siguiente la ciudad de Alejandría, con un fuerte influjo griego que enriquecería la cultura de Egipto. Alejandría también era un enclave económico y estratégico importante, pues se ubicó en la zona oeste del delta del Nilo.

Sus conquistas más reconocidas fueron las siguientes:

La victoria en Granico en 334 a. C., en donde casi pierde la vida ya que un persa trato de asesinarlo por la espalda, pero uno de los hombres de confianza de su padre, de nombre Clito, le salva la vida, amputándole la mano al persa.

Issos en el 333 a. C. Gaucamela en 331 a. C., la Puerta Persa en el año 330 a. C. y la batalla de Hidaspes en el año 326 a. C.

Su imperio creció rápidamente, ya que al ir acumulando victoria tras victoria, su poder y sus reinos crecían y se expandían, por lo que llego una vez que cruzo Helesponto hacia Asia Menor su imperio se extendía desde Anatolia (Egipto), la Hélade, Oriente Próximo y Asia Central, llegando su poderío hasta los ríos Oxus e Indo.

El motivo por el que este vastísimo imperio creció de tal manera, fue que Alejandro vivía impulsado por su deseo de ser mejor cada día y conquistar con éxito cada reino en donde posaba sus ojos heterócromos, En pleno apogeo de la campaña militar en la India, el ejército de Alejandro, desalentado por la lejanía del hogar y el clima, se niega a continuar avanzando hacia el oriente, por lo que Alejandro se ve obligado a retornar a Babilonia, donde fallece tres años después, con tan sólo treinta y dos años, por causas desconocidas.

Alejandro Magno, debido a su inesperado deceso, deja a sus herederos un imperio joven y sin consolidar; el trono de Macedonia pasa a ocuparlo Filipo III de Arrideo, hermanastro del rey, y sus territorios son repartidos entre los más leales generales de Alejandro, con lo que la unidad del imperio, basado en la cultura griega y el respeto a las costumbres de los pueblos dominados, quedó hecho pedazos.

El rey Alejandro es considerado el mayor icono cultural de la Antigüedad, pues fue uno de los más extraordinarios conquistadores de todos los tiempos, de manera que su figura y leyenda se han perpetuado a lo largo de la Historia, hasta llegar a influenciar profundamente a otros dos titanes de la conquista y la estrategia militar:

Julio César y Napoleón Bonaparte.

Sin embargo, en cierta manera la figura del rey macedonio nos ha influido a todos, ya que demostró que el ser humano es capaz de lograr cuanto se proponga, si tiene la suficiente voluntad para ello. Marcó la gran diferencia entre lo ordinario y lo extraordinario, y es por eso que, aún el día de hoy, su nombre retumba en el mundo entero.

Cuenta la leyenda que Alejandro, sintiendo ya la garra de la muerte en su pecho, llamó a todos sus generales para comunicar sus últimas voluntades, que giraban en torno a su propio entierro:

"Quiero que mi ataúd sea cargado sobre los hombros de los más eminentes médicos de la época durante el cortejo fúnebre. Quiero que todas las riquezas, obtenidas a lo largo de tantas conquistas, sean esparcidas en el camino hacia mi tumba. Quiero que mis manos queden fuera del ataúd, libres y al viento".

Los generales no entendían los motivos de Alejandro para estas últimas voluntades, por lo que el gran rey les explicó sus motivos:

"Quiero que los más eminentes médicos lleven mi ataúd sobre los hombros, para demostrarles que ellos no tienen el poder absoluto de curar ante la

Muerte. Quiero que todas las riquezas conquistadas sean esparcidas en el camino a mi tumba, para demostrarle al mundo que los bienes materiales ahí permanecen cuando partimos. Quiero que mis manos queden fuera de mi ataúd, flotando libres al viento, para mostrarle a todos que con las manos vacías venimos y con las manos vacías partimos".

¿Te has preguntado alguna vez qué es lo más importante que hay en tu vida? ¿O cuál es tu verdadero propósito y misión? ¿Sabes lo que realmente quieres hacer con tu tiempo? O, mejor aún, ¿qué te gustaría ser? ¿Querrías ser una persona con una vida ordinaria, o alguien que viva grandes cosas y tenga una existencia extraordinaria? Las verdaderas respuestas están dentro de ti: búscalas, y empieza a accionar todo lo bueno que desees en tu camino.

*"La diferencia entre lo ordinario
y lo extraordinario es ese pequeño extra".*
—Jimmy Johnson

*"El ingrediente más importante de la fórmula del
éxito, es saber cómo llevarse bien con la gente".*
—Theodore Roosevelt

*Buscad primeramente el Reino de Dios
y su justicia, y todas las demás cosas serán
añadidas. (Mateo, 6:33 RVR 1960).*

EL DESEO DE DEJAR UNA HUELLA EN ESTE MUNDO.

Camina por donde nunca nadie haya caminado, haz lo que nunca nadie antes haya hecho, deja tus propias huellas y no pises sobre las huellas de los demás, porque no dejarás marca.
—*David Cegla*

William Shakespeare, en su obra "Hamlet", escrita alrededor de 1600, hace la siguiente reflexión: "¡Ser o no ser: ésa es la cuestión! ¿Qué debe más dignamente optar el alma noble entre sufrir de la fortuna impía, el porfiado rigor, o rebelarse ante contra un mar de desdichas y, afrontándolo, desaparecer con ellas? Morir, dormir, no despertar nunca más, poder decir que todo acabó; en un sueño, sepultar para siempre los dolores del corazón. ¡Los mil, y mil quebrantos que heredó nuestra carne! ¿Quién no ansiara concluir así? ¡Morir, quedar dormidos, dormir, tal vez soñar! ¡Ay...! Allí hay algo que detiene al mejor. Cuando del mundo no percibamos ni un rumor... Qué sueños vendrán en ese sueño de la muerte, cuando nos hayamos liberado del torbellino de la vida".

Muy ciertas e inspiradoras son estas palabras del bardo inmortal: ser o no ser, hacer o no hacer, dejar una huella en este mundo o no dejar rastro alguno de nuestra presencia en esta vida. ¿Qué decides? ¿Alguna vez te has preguntado quién eres en realidad? ¿Por qué estás aquí, en este mundo? ¿Cuál es tu misión, tu propósito? Estas preguntas surgen en muchos de nosotros cuando no entendemos o no tenemos claro lo que nuestro corazón anhela; pero, sobre todo, estos interrogantes nos acosan cuando no estamos seguros de lo que somos y tenemos en la vida. ¿Por qué estamos aquí, y para qué?

Mientras escribo estas letras, en muchas partes del mundo están naciendo niños a un ritmo de tres por segundo; eso se traduce en 94,608,000 nuevos seres que llegan al mundo por año. ¡Impresionante! Sin embargo, también están muriendo muchas personas a cada momento, víctimas de suicidios, accidentes, catástrofes naturales, robos, hambre, pobreza, enfermedades endémicas, etc. Muchas de ellas han dejado este mundo sin haber contestado esas preguntas y, lo que es más triste, algunas sin llegar a formulárselas siquiera. Debemos sentirnos dichosos por cada día que pasamos en esta Tierra y ayudarnos mutuamente a responder estos interrogantes que a menudo nos sumen en un mar de incertidumbre; es necesario entender que cada uno de nosotros tiene un propósito en esta vida, puede que el tuyo ya lo hayas hallado aunque no lo veas, o tal vez todavía no.

Si ya descubriste tu misión, te felicito e impulso a que continúes con él hasta cumplirlo; si aún no lo has hallado, te felicito igualmente, ya que seguramente estás en esa tarea, en la senda para encontrarlo, así que pídele a diario a Dios que ilumine tu camino con conocimiento, sabiduría, discernimiento y justicia para que lo puedas encontrar.

¿Por qué siempre te digo que le pidas a Dios? En los escasos treinta años de vida que tengo, siempre he sido un apasionado de la ciencia y tecnología, por lo que en ocasiones traté de hallar respuestas a las preguntas vitales que tenía donde nunca las pude encontrar. Algunas de estas interrogantes ya las hemos mencionado anteriormente: ¿quién soy yo?, ¿por qué fui enviado aquí?, y una que especialmente me absorbía: ¿cuál era mi propósito y misión en esta vida? Sin embargo, nunca pude hallar una respuesta satisfactoria hasta que entendí que todo es parte de un plan divino, por lo que mi afición por tales áreas no desvelaría los enigmas que me atribulaban. Así, empecé a indagar dentro de mí, en mi corazón, y fue ahí donde encontré a Dios; ante mis preguntas, Él me dijo en realidad quién era yo, para qué me había enviado aquí y cuál era mi misión a cumplir.

Quizás parezca una locura, pero la verdad que debes conocer es que Dios vive dentro de cada uno de nosotros, en nuestro corazón; por eso, cuando le hablamos, Él siempre nos escucha y, como Padre amoroso que es, nos responde en todo momento. Y si aun así no le hablamos, Él espera pacientemente una palabra nuestra.

Escuché mi corazón y en él encontré a Dios, por lo que comencé a entender el porqué de todo cuanto me sucedía junto con mi manera de ser y actuar, y fue así como emprendí el camino que Él había trazado para mí. Por eso hoy estoy aquí, escribiendo estas letras para ustedes desde lo más profundo de mi alma, con el fin de guiarte e inspirarte en el Camino de la Verdad: pronto tú también transitarás esta hermosa senda, y ayudarás a otros a hacerlo también, de manera que dejarás en el mundo una huella que permanecerá firme cuando ya no estés aquí. Vivirás en tus hijos, en tus nietos y en los hijos de éstos, que recordarán cómo un día su antepasado colocó un granito de arena para que ellos pudieran tener un futuro mejor.

Cuando le pidas a Dios que ilumine tu mente para hallar respuestas, déjate guiar por Él y por tu deseo de que tu nombre no se borre de las páginas de la Historia; sólo de esta manera podrás descubrir la verdad y el auténtico sentido de la vida, el deseo de dejar una huella en este mundo.

En un pasaje de "Invencible", mi tercera obra, menciono: "El que no se atreve a pensar y actuar en grande, jamás logrará algo extraordinario en su vida", ahora te digo: "El que no se atreve a vivir y servir en grande a la Humanidad, jamás logrará dejar una huella imborrable en este mundo". Muchos han pasado por esta Tierra, pero son muy escasos los que en verdad han impactado al mundo y dejado su marca en nuestra mente y corazón. Algunos ejemplos de este radiante paso por la vida, han sido:

- *Jesús, el hombre más grande que jamás haya existido*
- *Moisés, líder religioso del pueblo de Israel.*
- *La Madre Teresa De Calcuta, misionera de la caridad y embajadora de derechos humanos.*
- *Confucio, filósofo chino.*
- *Euclides, filósofo griego.*
- *Augusto, primer emperador romano.*
- *Napoleón, político y militar francés.*
- *Isaac Newton, científico inglés.*

- *Miguel Ángel, escultor, pintor y arquitecto romano.*
- *Los Hermanos Wright, creadores del primer aeroplano.*
- *Nelson Mandela, político y biógrafo de origen sudafricano.*
- *Galileo Galilei, científico italiano.*
- *Martin Luther King, clérigo, activista y teólogo de origen estadounidense.*
- *Albert Einstein, científico germano de origen judío.*
- *Mahatma Gandhi, abogado, político y pensador de origen hindú.*

Éstos son sólo algunos de los personajes que han dejado un legado para la Humanidad en diferentes áreas, por lo que su paso por el mundo ha marcado una huella que ha quedado plasmada en la mente y los corazones de muchos de nosotros.

Ahora, te haré una pregunta: ¿te visualizas, o te gustaría estar en esta lista de grandes personalidades, seres únicos que han marcado la diferencia entre lo ordinario y lo extraordinario cuya huella sigue presente en el desarrollo del mundo? Así como ellos existieron, hay y seguirá habiendo personas que, impulsadas por su deseo de servir y ayudar a la Humanidad, seguirán marcando la pauta de la Historia.

Te compartiré una historia que ejemplifica a la perfección el concepto anterior: tal vez hayas oído hablar de sus piezas musicales, o puede que escucharas hablar de un personaje histórico que, con sólo siete años de edad, daba recitales de piano que dejaban a su público completamente anonadado, hasta el punto que uno de los mayores genios musicales que han existido, Wolfgang Amadeus Mozart, dijo al escucharle: "Este joven dará que hablar al mundo". A pesar de quedar sordo teniendo apenas treinta años, compuso algunas de las piezas musicales más famosas que existen, tales como "La Novena Sinfonía", "Claro de Luna", o "Para Elisa", entre otras. Nos remontaremos al año 1770 en la ciudad de Bonn (oeste de Alemania), donde Ludwig Van Beethoven nació un 16 de septiembre.

Ya desde niño, este genio fue impulsado y expuesto por su padre al panorama musical de la época, ya que su progenitor deseaba que se convirtiera en un nuevo Mozart. Esto le llevó a una obsesión porque su hijo siguiera los pasos del genio vienés, de manera que impuso al pequeño Ludwig a dedicar muchas horas de estudio y práctica en el piano, órgano y clarinete, lo que se tradujo en un mal desarrollo escolar, ya que el pequeño siempre estaba agotado. Sin embargo, nada era suficiente, y el padre de Beethoven cayó en el alcoholismo presa de su obsesión, lo que afectó profundamente la vida de Beethoven desde el punto de vista personal, académico y social.

Desde los siete años, este pequeño artista, impulsado por su deseo de ser grande y perfeccionar sus habilidades, empieza a dar recitales de piano que cautivaban y asombraran al público, por lo que un músico experimentado del pueblo llamado Christian Gottlob Neefe se vuelve su profesor y lo empieza apoyar para pulir y perfeccionar aún más sus talentos y formación.

Después de algún tiempo, cuando cumplió diez años, decide abandonar la escuela para dedicarse por completo a la música, por lo que en ese momento la vida del joven músico da un giro trascendental, ya que, debido a diversos recitales que dio en su ciudad natal, la aristocracia de Bonn queda fascinada por su talento, por lo que deciden financiarle un viaje a Viena, cuna de la música, donde se da a conocer a los mejores compositores de la época incluyendo al mismísimo Mozart, que quedó impresionado tras presenciar uno de sus recitales.

En el año 1872, Beethoven publicó su primera composición, de nombre "Nueve variaciones sobre una marcha de Ernst Christoph Dressler", teniendo sólo once años, por lo que su profesor

Christian Gottlob escribió en una revista de música con respecto a su alumno:

"Si continúa así, tal y como ha comenzado, se convertirá en un nuevo Wolfgang Amadeus Mozart"

Estas palabras fueron completamente acertadas, ya que él conocía el talento de su alumno, por lo que tenía la certeza de que lo lograría.

Cuando comenzaba a disfrutar las mieles del éxito, la madre de Beethoven enferma súbitamente, por lo que Ludwig decide regresar a casa; sin embargo, su progenitora fallece al poco tiempo, el 17 de julio de 1787, víctima de la tuberculosis, lo que hace caer a su padre en una profunda depresión que lo condujo a un severo alcoholismo, lo que afectó radicalmente a la vida de sus hijos, ya que, además, acabó siendo detenido y encarcelado. Beethoven decidió hacerse cargo de sus hermanos menores, apoyándolos y manteniéndolos como si de su padre se tratase, esta situación fue muy dura para el joven, sin embargo no detuvo su camino en la música.

Años más tarde, el 18 de diciembre de 1792, su padre finalmente falleció; para sobrevivir, el joven genio imparte clases de piano y viola, pues también de él dependía la manutención de sus hermanos pequeños. Con la base práctica de las clases, su talento se afinó aún más, y cada vez más personas se ofrecían a financiar su carrera musical, tanto era su deseo de labrarse un nombre dentro de la Historia de la Música y cumplir el deseo de su padre al convertirse en "el nuevo Mozart". Así, decidido a brillar aunque las circunstancias no fueran las más favorables para él, pasó veinte años de su vida, entre los diez y los treinta, trabajando como músico independiente en la ciudad de Viena y ganándose la vida honradamente.

Con sólo veinticuatro años, Beethoven publica una de sus obras más importantes, "Tres tríos para piano, violín o violoncelo" (Opus 1). Un año más tarde, realizaría su primer concierto público en Viena como compositor profesional, esto es, interpretando sus propias obras, lo que le volvió famoso inmediatamente.

Entonces, en un punto en que el éxito incipiente llegaba a su vida, Beethoven comienza a sufrir serios problemas auditivos, lo que desembocó en una sordera total; pese a buscar diversos tratamientos y curas, no hubo manera humana de recuperar sus tímpanos dañados, lo que sumió al músico en una profunda depresión que cerca estuvo de conducirle al suicidio. Tampoco ayudó a su situación emocional en este momento un par de desengaños amorosos que sufrió; Beethoven, pese a que nunca se casó, tenía fama de conquistador y se le atribuyen varios romances con damas de la nobleza.

Pero Ludwig no pensaba darse por vencido: se habría quedado sordo, pero sabía que tenía un propósito que cumplir en el mundo, por lo que comienza a dejar su huella en la Historia aprovechando sus maravillosos talentos, tanto para tocar diversos instrumentos como para la composición.

De esta manera, en la mente del valeroso músico, su sordera cristalizó no como un impedimento sino como un impulso para seguir en la senda de la música: continúa su carrera componiendo "La Noven Sinfonía", amén de treinta y dos sonatas, dos misas y una ópera, lo que le llevaría a ser reconocido como uno de los mejores compositores, pianistas y directores de orquesta de todos los tiempos. Beethoven ha sido reconocido históricamente como el último gran representante del Clasicismo, a la altura de otros exponentes de este movimiento tales como Christoph Willibad, Joseph Haydn o Wolfgang Amadeus Mozart.

Las obras de Beethoven han impactado al mundo, y, como ocurre con todos los grandes genios, su música salta sobre las barreras del tiempo, influyendo durante todo el siglo XIX una enorme cantidad de obras románticas, especialmente sus sinfonías, que revolucionaron las composiciones de piano y la música de cámara.

La última gran obra de Beethoven, terminada

en 1823, fue *"La Novena Sinfonía"*. Al poco tiempo, cae gravemente enfermo tras un viaje a Viena en compañía de su sobrino, ya que durante este tiempo sólo usaba ropa de verano y durante toda la visita se hospedó en una posada que no contaba con calefacción ni cortinas. La repentina enfermedad provocó en el genio de Bonn un espasmo febril y fuertes dolores de costado; sin embargo, Beethoven siguió bebiendo agua fría, lo que agravaría su estado de salud, y sólo entonces se pone en manos del doctor Wawruch, que le ayuda a mejorar su estado de salud, con lo que alcanza a regresar a Viena.

Sin embargo, la enfermedad seguía emponzoñando el cuerpo y espíritu del gran genio; los médicos, tratando de sanarle, le extraen gran cantidad de líquido abdominal, lo que coloca a Beethoven en un estado de salud aún más precario. El 26 de marzo de 1827, y complicado con problemas hepáticos que había arrastrado durante toda su vida, su salud empeora fulminantemente, por lo que muere de un fallo multisistémico producto de esta misma insuficiencia hepática, derivada de que, siendo un joven músico, no ingería más alimento que huevos hervidos ni casi más líquidos que vino.

El 29 de marzo de 1827 se lleva a cabo su funeral en la iglesia de la Santa Trinidad, ubicada a unas cuadras del domicilio donde pasó gran parte de su vida; al sepelio asistieron más de veinte mil personas, y se interpretó el "Réquiem en Re Menor". Anselm Huttenbrenner, uno de los más incondicionales seguidores de Beethoven y que lo acompañó en su agonía, relata los últimos momentos del genio:

"Permaneció tumbado, sin conocimiento, desde las 3 PM hasta pasadas las 5; entonces, de repente el cielo se iluminó con un relámpago, acompañado de un violento trueno, y la habitación del moribundo quedó iluminada por una luz cegadora. Tras ese repentino fenómeno, Beethoven abrió los ojos, levantó la mano derecha, con el puño cerrado y una expresión amenazadora, como si tratara de decir: "¡Potencias hostiles, os desafío! ¡Marchaos! ¡Dios está conmigo!" O como si estuviera dispuesto a gritar, cual jefe valeroso a sus tropas: "¡Valor, soldados! ¡Confianza! ¡La victoria es nuestra!"

Cuando dejó caer de nuevo la mano sobre la cama, sus ojos estaban ya cerrados. Yo le sostenía la cabeza con mi mano derecha, mientras que con mi izquierda, que reposaba en su pecho, ya no pude sentir el hálito de su respiración: el corazón había dejado de latir".

Fue así como el gran maestro Ludwig Van Beethoven terminó su paso por este mundo, cumpliendo su misión y dejando una huella indeleble en nuestras mentes y corazones, que permanecerá presente por siempre. Su huella se extiende desde ese entonces por el mundo gracias a sus bellas obras, que el día de hoy se escuchan por doquier y son sinónimo de fuerza y elegancia. Él nos dejó el mensaje, con el ejemplo que dio en su vida, que podemos lograr cualquier cosa que nos propongamos con práctica, fe en Dios y arduo trabajo: perdió a sus padres, vivió en la pobreza y quedó sordo; sin embargo, nunca se rindió, nunca desistió, hasta conseguir lograr y honrar el deseo de su padre de convertirse en un "gran Mozart". Beethoven siempre admiró y respetó a Mozart, lo que despertó en él desde niño un fuerte deseo de parecerse a él.

Si en verdad deseas dejar una huella imborrable en esta vida, debes estar dispuesto a dar lo mejor de ti, pagar el precio que corresponda, ya que todo se consigue a cambio de algo, nunca detenerte hasta lograrlo y, sobre todo, servir y ayudar a la Humanidad, siempre guiado por Dios. Pues, como dijo el mismo Ludwig Van Beethoven:

"Me apoderaré del destino agarrándolo por el cuello, no me dominará".

El gran inventor Thomas Alva Edison lo expresó así: "El genio se compone un uno por ciento de inspiración y un noventa y nueve por ciento transpiración".

Haz lo que sea necesario para lograr tu más ardiente deseo y acabarás, lográndolo. Actúa en vez de suplicar, sacrifícate sin esperanza de gloria ni recompensa; si quieres conocer los milagros, hazlos tú mismo, sólo así podrá cumplirse tu peculiar destino. Hacer felices a los hombres: no hay nada mejor ni nada más bello.

Para esto fuiste llamado: porque también Cristo padeció por nosotros, dejando ejemplo, para que sigáis sus pisadas, el cual no hizo pecado ni se halló engaño en su boca. Quien llevó Él mismo nuestros pecados en Su cuerpo sobre el madero, para que nosotros, estando muertos a los pecados, vivamos a la justicia y por cuya herida fuisteis sanados.

(1 Pedro, 2:21-24 RVR 1960).

EL DESEO DE LOGRAR EL VERDADERO ÉXITO EN LA VIDA.

Dios no me llamó a tener éxito, me llamó a ser fiel.
— *Madre Teresa de Calcuta*

Estamos llegando a la cumbre de esta maravillosa historia en la que he venido compartiendo varias historias y ejemplos que te pueden ayudar a lograr aquello que tanto anhelas en la vida. Como lo mencioné al principio, nuestros pensamientos son energía, los cuales entran en contacto directo con nuestras emociones, que se magnetizan, por lo que generamos una fuerza intangible que se conoce como Fe. La Fe es considerada como un antídoto contra el fracaso o cualquier otra situación negativa.

En los textos bíblicos, se menciona que esta fuerza mueve montañas, es creadora de milagros: lo primero que tenemos que hacer para obtener lo que deseamos, es creer que lo lograremos, y entonces desatar ese deseo imparable y semilla de fe para lograrlo. De hecho, muchas personas en el mundo fracasan o no logran sus objetivos, metas y propósitos en la vida por falta de creencia, fe y acción, ya que desisten cuando apenas están a medio camino del éxito.

Escribir esta obra es parte de uno de los sueños que tenía al comenzar a escribir mis primeras obras: siempre tuve el deseo imparable de escribir mi quinto libro, para poder contarlas con todos los dedos de mi mano derecha. Y hoy, al fin, logré ese sueño, esa meta.

¡Gracias a Dios por el conocimiento, justicia, discernimiento y sabiduría que me ha otorgado para lograrlas!

Siempre he sabido lo que quería; me gustaría mencionarte que ha sido difícil, aunque tampoco imposible, en tan sólo dieciocho meses hacer cinco obras, incluyendo audiolibros, conferencias y otros materiales: ha sido un gran reto, sin embargo merece cada esfuerzo y sacrificio que hice para lograrlo.

Hemos apoyado también a muchas personas

en el mundo con nuestras obras y charlas motivacionales, lo que nos llena de gozo el alma al saber que estamos aportando nuestro granito de arena al bien de la Humanidad, al tiempo que sembramos por doquier semillas de amor, fe y esperanza. Estoy muy feliz igualmente para con Dios, por la oportunidad que me está dando aquí y ahora, viviendo esta vida y realizando mis sueños, puesto que Él me utiliza como Su instrumento: a través de mi escritura, con cada charla motivacional que imparto, estamos logrando rescatar a miles de personas de la oscuridad, de la mediocridad, para guiarlos a la luz de la excelencia, la seguridad y fortaleza que sólo de Dios emana; les apoyamos en construir su camino desde la pobreza económica y espiritual, hasta la sed de triunfo y la motivación para actuar, ya que todo es posible cuando nos lo proponemos y estamos cerca de Dios.

El Padre Celestial todo lo puede, Él es el principio y el fin, el alfa y el omega. En la Biblia hay una cita que ilustrará claramente este concepto: en Marcos 10:27, el evangelista nos explica que, al estar Jesús con sus discípulos, les dijo mirándoles: *"Para los hombres es imposible, más para Dios, no, porque todas las cosas son posibles para Dios".*

El verdadero éxito en el mundo está en cumplir la voluntad de Dios a lo largo de tu vida; es decir, debemos entender cuál es el verdadero éxito y la interpretación que el mundo moderno le está dando.

En "Invencible", nombré el éxito como la creación que somos, hecha a imagen y semejanza de Dios, con un cuerpo tan perfecto que funciona como una máquina suiza, preciso e impecable, y logra cosas extraordinarias, que nos conduce a llegar a ser prósperos, abundantes, felices y llenos de paz espiritual. Somos una creación perfecta, nada nos sobra ni nada nos falta. Ahora bien, claro está, no to-dos pensamos igual pues el éxito para algunas personas pudiera ser una meta mental, física, o material, del tipo de comprar una casa, tener hijos, abrir un negocio, superar un fracaso, vencer el miedo, hacer feliz a una persona, ganar la lotería o casarse, sólo por citar alguno de los ejemplos más frecuentes. En resumen, hay un sinfín de interpretaciones del éxito, todo depende directamente del enfoque, metas y propósitos que tengas en la vida. Y, como dice el proverbio chino, *"Haz feliz a aquéllos que estén cerca, y aquéllos que estén lejos vendrán"*; esto es parte de un gran éxito, poder ayudar, servir y hacer felices a muchas personas de este mundo.

Tengo el placer de compartir contigo la fascinante historia de una persona que admiro y respeto mucho, ya que Dios la trajo a mi vida, por lo que es una bendición tenerla como amiga; muchas veces le he dicho que es un ángel que vino a la Tierra a cumplir la gran misión de ayudar, servir y ser ejemplo motivacional para muchos hombres y mujeres.

Esta persona es una mujer muy emprendedora, libre y sin límites, una gran guerrera que cuanto afronta supera y sale siempre con la frente en alto, con la corona del triunfo sobre sus sienes. Orgullosa madre de dos maravillosos hijos.

Actualmente, es reconocida como una excelente líder, aunque también ha sido galardonada por sus extraordinarias capacidades y vocación de servicio a la comunidad.

Su visión de águila y la pasión por ayudar a las personas dentro del mundo de los negocios le han llevado a formar parte y dirigir una empresa mexicana internacional, llegando a producir grandes ganancias en diferentes países, impactando también y ayudando a muchas personas en su crecimiento personal y financiero.

Pese a que el mundo de los negocios pueda parecer despiadado, ella posee un corazón de oro, ya que siempre está pendiente de ayudar a los demás, demostrando a cada minuto un espíritu de servicio inigualable que ha cambiado la vida de muchos, incluida la mía. Desde que la conozco, siempre he admirado su deseo de crecer, de superarse, pero sobre todo de estar al servicio de la Humanidad, para acercarse a Dios, llevando a cumplimiento su voluntad.

Una de sus frases más famosa dice: *"Sé una inspiración para toda la Humanidad y sirve con el*

Corazón". Este ser tan especial se llama María; María nació en Michoacán, México en el seno de una familia muy humilde compuesta por varios hijos, su madre, un ama de casa entregada al cuidado de los demás, y su padre dedicado a trabajar fuertemente para sostener a su familia.

Desde que era una niña, le apasionaba ayudar y servir a los demás: cada vez que los amigos de sus padres llegaban de visita a su casa, María disfrutaba organizándolo todo junto con sus hermanas y hermanos, para luego bailar y divertir a las personas allí reunidas. Tuvo una infancia muy feliz; de hecho, hereda de su madre el gran deseo de ayudar a cuanto ser humano conoce.

A los ocho años de edad, tuvo una mala experiencia que plantó en su joven corazón la semilla de la rebeldía: ella estaba muy emocionada por el nacimiento de su hermana pequeña y no dudaba en contarle a todo el que se acercaba esta hermosa experiencia; sin embargo, otro niño de su escuela tuvo la mala voluntad de decirle que, a partir de ese momento, sus padres la ignorarían y se enfocarían más en su hermana pequeña; que nadie la querría a partir de ese momento. En base a esta desagradable experiencia infantil, María insiste en que es muy delicada la manera en la cual el trato y las palabras de los adultos influyen sobre los niños, ya que deben ser considerados y tratados con cautela, pues cualquiera de nuestras palabras influye en sus vidas. El maltrato físico y mental hacia los menores puede ser completamente desastroso y causar un impacto muy negativo en sus vidas de adultos. Hay, por tanto, que cuidar la manera en la que tratamos a los niños, hay que sembrar cosas puras, positivas, en sus mentes y corazones, y darles el trato que se merecen, ya que ellos son el futuro del mundo. Esta experiencia impactó la vida de María de una manera positiva, ya que la motivó a seguir superándose y buscar cada vez mejores oportunidades para ella y su familia.

Poco tiempo después, la situación económica en su familia se torna difícil, por lo que, teniendo apenas 17 años, decide mudarse a los Estados Unidos; con el fin de poder ayudar a sus padres, viaja sola y se establece en Denver, Colorado con unos familiares. Entonces, comienza a vivir el sueño americano, sin embargo, al cruzar la frontera y tal como le sucedió a muchos inmigrantes latinos, se dio cuenta que los estadounidenses no eran tal y como parecían: María inicia su travesía por este país tal y como muchos la anhelan, pero al buscar empleo en un restaurante, vive una cruda experiencia, con la cual muchos de nosotros nos podemos identificar, si mi querido lector me otorga una pequeña reflexión que viví en carne propia. Cuando estamos en nuestros países de origen y escuchamos o conocemos a alguien que vive en, o que ha viajado, a los Estados Unidos, nos comparten esas dulces historias con las cuales nos entusiasman, diciéndonos que en este país se barren los dólares con escoba y recogedor, pero cuando llegamos aquí nos damos cuenta que la realidad difiere mucho de la que nos habíamos imaginado. Es por eso, que siempre he dicho que éste es el país de las oportunidades, pero sólo para el que realmente quiere tornar sus sueños en realidad, y estar dispuesto a pagar el precio por ello.

Sin embargo, las miras de María se elevaban hasta el cielo, por lo que, poco tiempo después, impulsada por el deseo de seguir superándose, obtiene mejores oportunidades de trabajo, mejores pagados que los anteriores.

Su perspicacia, carisma y deseo indomable de seguir luchando para alcanzar sus sueños la llevan a convertirse en una gran líder, trabajando fuertemente en los negocios. En este momento, María se da cuenta que su autoestima es muy baja, pese a ser una persona muy atractiva y bella físicamente. Por ello, y a pesar de estar floreciendo en el área de los negocios, se percató de que necesitaba de mucha seguridad y confianza en sí misma, por lo que poco a poco empieza a avanzar y desarrollarse en esta faceta personal de su existencia, con el fin de seguir creciendo en el mundo de los negocios.

Su deseo de lucha y superación constante la mantuvo viva en esta época: no importaba qué tan grandes parecieran estas dificultades, María no se rindió, pues cuanto más difícil se ponía su situación, más crecía, gracias a su espíritu indómito y a los deseos de superación, de manera que a cada paso se iba incrementando su autoestima. Y, producto de esto, poco tiempo después logra crecer y a desarrollarse mejor en el mundo de los negocios.

Tres años después de iniciar sus pasos en esta industria, decide que no era lo que deseaba para su vida, por lo que, y en aras de su crecimiento, decide seguir luchando por su sueño. Era el punto de partida para esta brillante mujer, pues siempre había experimentado el deseo de hacer grandes negocios y poder ayudar y servir a la Humanidad.

Guiada por este mismo motivo, también incursiona en algunos otros negocios tradicionales, que le abrirían las puertas al exclusivo negocio de las multinacionales en Estados Unidos; gracias a esto, mi querida amiga fortaleció su carácter, visión y pasión en este gran mundo de los negocios.

Después de pasar ocho años involucrada en el mundo de los negocios tradicionales, y al darse cuenta que su deseo de crecer y superarse era más grande que el hecho de poseer un negocio típico, en el cual se pasaba la mayor parte del tiempo frustrada y sin libertad de horarios, llega a su camino un proyecto que cambiaría su vida para siempre; esa necesidad intrínseca tan suya de ser mejor persona y estar más cerca de Dios la lleva, durante un periodo de varios años, a practicar yoga entre otras disciplinas, adentrarse en el mundo de la superación y el desarrollo personal con el fin de ayudar a las personas a lograr su máximo potencial. Como efecto colateral de esto, trabaja voluntariamente durante varios años en eventos de motivación y superación personal, lo que la lleva a crecer y desarrollarse también en esta área.

Su fe, creencia y deseo de triunfo la llevaron a rodearse de gente muy positiva, por lo que su autoestima seguía subiendo, y su confianza también. Entonces, María cambia su prisma de ver la vida: experimenta una transformación muy positiva, la cual le ayuda acercarse más a Dios, a tener una gran fe y un deseo indómito de ayudar a los demás. Empieza a crearse mejores hábitos, como leer libros, asistir a más seminarios de motivación, y a seguir preparándose en este maravilloso mundo de la motivación y superación personal.

Deseosa de dejar una huella en este mundo e impactar y ayudar la vida de muchas personas, decide estudiar el mundo de los negocios a un nivel más elevado, comprendiendo que hay muchas mejores oportunidades para desarrollar negocios a nivel mundial, los conceptos y beneficios que tenían para los seres humanos este tipo de negocios ; entonces, de la mano de Dios y al pedirle una oportunidad en la cual ella pudiera mediante un vehículo ayudarse no solamente a ella sino también a muchas personas a convertir sus sueños realidad, llega a su vida un grandioso proyecto, el cual cambiaría drásticamente su vida y la de muchos miles de personas en el mundo en diferentes áreas, desde el área de crecimiento personal, hasta la del financiero y económico; y fue así como María logró una plenitud y libertad financieras.

Entonces, María inicia su camino en estos negocios billonarios en la cual se desarrolla al momento presente, convirtiéndose en una mujer sumamente exitosa, volviéndose empresaria y una excelente líder corporativa, pues logra en tan sólo tres años su independencia financiera. Su actividad se desarrolló apoyando a grandes líderes y empresarios en diferentes partes del mundo, cambiando el estilo de vida de muchos líderes de familia; a la misma vez, desarrollaba sus habilidades como gran comunicadora. Todas estas experiencias la llevaron a convertirse en una experta en áreas espirituales, motivacionales y de superación personal.

Hoy en día, María viaja por todo Estados Unidos compartiendo ese maravilloso proyecto de vida del cual forman parte sus charlas y experiencias de vida, las cuales siguen impactando en la existencia de miles de personas en el mundo deseosas de una luz de esperanza, una semilla de fe y una prueba de amor que emana desde lo más profundo de su corazón.

María está conectada al cien por ciento con Dios; también es inversionista, y al momento de escribir estas letras en las que estoy compartiendo su historia, la pasión y visión de mi querida amiga la han llevado al punto donde se

encuentra en este momento, ayudando y sirviendo a millones de personas en el mundo, guiada sobre todo por su deseo imparable de apoyo y servicio; y esto le está llevando a dejar huella en el corazón y alma de cada uno de nosotros.

Siguiendo los sabios pasos tanto de su madre como de Teresa de Calcuta, María admira y respeta mucho la belleza de la naturaleza, por lo que, desde hace catorce años, es vegetariana. Sin duda, su historia debe ser compartida con todos; sin embargo, aprendamos del legado invaluable que nos está dejando esta guerrera de la vida, comprendido plenamente en frases como "Querer es poder, si se puede" y "Amor hacia Dios", pues todo lo que nos propongamos es posible, siempre y cuando lo deseemos con todo nuestro corazón, pues debemos de luchar por ello hasta lograrlo.

María el día de hoy es una persona colmada de los parabienes de la vida, está casada y cubierta de bendiciones y éxitos allegados al plan que Dios tenía para ella.

A continuación, comparto un pedazo de su sabiduría atemporal:

"Hazlo ahora".

*"Nunca te rindas y lucha
hasta lograr tus sueños".*

*"El día de hoy es un hermoso regalo, disfrútalo al
máximo".*

*"Abre tu mente y tu corazón para ayudar
y servir a nuestro prójimo".*

*"La felicidad está relacionada con nuestra conexión
interior; sé agradecido
con la vida y con Dios por lo que ya eres,
y la felicidad vendrá hacia ti por inercia".*

*"Da de corazón todo el tiempo sin esperar recibir
nada a cambio".*

*"La paz radica en entender que, si estamos en paz
interiormente con Dios, lo estaremos
en nuestro exterior con el mundo".*

*"El verdadero éxito está en tu interior,
ya que, al ser exitoso por dentro,
lo serás también por fuera".*

"Si somos impecables con nuestras palabras, de esa manera podemos reprogramar nuestra mente subconsciente y llegar a ser exitosos en todas las facetas de nuestras vidas".

María es un claro ejemplo de motivación, superación, empoderamiento a la mujer, ayuda, servicio, éxito, y, sobre todo, de estar cerca del verdadero éxito, paz y felicidad.

El deseo es algo muy poderoso que tenemos los seres humanos, ya que al desear algo con todo el corazón y mente, y con la ayuda de Dios, eventualmente lo lograremos. Nunca te des por vencido, lucha con todo tu ser por tus sueños y deja todo en manos de Dios, ya que Él todo lo puede y siempre está contigo, hasta el fin de los tiempos.

Encomienda a Jehová tus obras, y tus pensamientos serán afirmados.

(Proverbios, 16:3 RVR 1960).

Definición del Éxito:

"El verdadero éxito es lograr todo lo que el ser humano desea en la vida sin violar las Leyes de Dios ni los derechos de sus semejantes".

CAPÍTULO 11

EL MAYOR DE TODOS LOS DESEOS: ESTAR EN PAZ CONTIGO MISMO Y CON DIOS PARA LOGRAR LA GRANDEZA EN EL MUNDO.

Sin creer, y sin tener presente a Dios en nuestras vidas, no hay paz; crea y conozca a Dios, entonces conocerá la paz.
—*Alejandro C. Aguirre*

Querido lector, llegados a este punto, hemos alcanzado la cumbre de esta maravillosa obra. Ahora, hablaremos del mayor de los deseos, el que abarca desde el mundo físico y material, hasta el mundo emocional y espiritual; este mismo deseo nos llevará a lograr la grandeza, la abundancia, toda la prosperidad, felicidad y paz que pueda regalarnos la vida, ya que debemos entender que al estar en armonía con la Naturaleza y con Dios, todo en nuestras vidas comenzará a fluir y atraeremos todo lo bueno, puro y divino de este Universo.

Dicho en otras palabras, debemos alinear nuestra mente, cuerpo y espíritu con el Ser Supremo para lograr abrir las puertas de toda la abundancia y prosperidad que existe en el Infinito. Sin embargo, nuestra mente es finita, y es por eso que hay un límite para nosotros; sin embargo, existe una mente infinita e inconmensurable, la cual sobreviene todo lo que ha existido, existe y existirá, dese el principio al fin de los tiempos: Dios.

El deseo de estar en armonía y en paz con Dios es el más sublime de todos los deseos que un hombre pueda alcanzar a concebir, ya que, como seres humanos, al estar en paz con nosotros mismos y nuestro Creador, llenaremos nuestras vidas de gozo, felicidad y paz infinitas.

Cuando tomé la iniciativa de escribir esta quinta obra, lo hice pensando en compartir con la Humanidad una manera distinta de ver el mundo, desde una perspectiva espiritual y muy realista. Como mencioné en capítulos anteriores, después de haber atravesado situaciones y circunstancias muy difíciles, mis deseos de triunfo, de lograr algo extraordinario y de dejar mi huella en la Historia, me impulsaron a materializar mis primeras cuatro obras sin tener ni un solo descanso, pagando entonces un precio alto por poder alcanzarlas; ahora me doy cuenta que todo el proceso que viví lo tenía que hacer de una manera u otra, ya que todo es parte de un plan divino y, lo aceptemos o no, todos estamos expuestos a dicho plan, ya que fuimos enviados a este mundo con un propósito y una misión, por lo que hay que cumplir para poder partir en paz.

Eleanor Powell decía: *"Lo que somos, es el regalo de Dios para nosotros; en lo que nos convertimos, es el regalo de nosotros para Dios".* Por tanto, tenemos que tener fe en algo, ya que "ese algo" nos impulsará a lograr cosas extraordinarias en nuestra vida. Yo soy el vivo ejemplo de esto: las firmes y valiosas creencias que mis padres me impartieron desde niño han ido evolucionando a través de los años, de manera esto me ha enseñado que, sobre todas las cosas, existe y prevalece Dios.

El ser humano está hecho a imagen y semejanza de Dios; por eso no debe fallar, porque si nos reflejamos en Su imagen como espejo plateado, somos perfectos, aunque tan sólo una brizna de lo que es Él. Sin embargo Dios, como ser perfecto e inmanente que es, tiene el poder de leer cada uno de nuestros corazones; conoce de todos los sueños y deseos que albergamos para nuestras vidas, y nos da la oportunidad de venir a la Tierra a cumplir Su voluntad, no la nuestra.

Si no cumplimos con nuestra misión como debemos hacerlo, nos estaremos fallando, tanto a nosotros mismos como a Él. Muchas personas de toda índole han llegado a mi vida y la mayoría me han hecho la eterna pregunta, la cual parece tener mucho peso en sus existencias; al escucharme hablar de lo bueno, lo puro y lo divino, intercalando siempre en mis contradicciones los principios y pasajes bíblicos adecuados, han quedado con cara de perplejidad, en la cual siempre se podía leer, "Pero... ¿A qué religión pertenece?". Y, con toda la educación y respeto, procedo a contestar: mis padres me educaron en la fe católica y cristiana, por lo que, a través de los años, Dios ha puesto con mucha sabiduría, inteligencia y justicia en mi boca Sus palabras, de las cuales las más importantes hacen referencia al mandamiento nuevo que nos dio Jesús: todos somos hijos de Dios, por lo que debemos amarnos los unos a los otros y apoyarnos. De esta manera, siempre concluyo diciéndoles que creo en la Verdad y la única religión que existe; es la verdad, porque la verdad está allegada a Jesucristo y a nuestro Creador, Dios.

A lo largo de mi vida, he leído e investigado

muchos libros de Historia, Ciencia y demás ramas afines, por lo que llegué a la conclusión de que el ser humano siempre ha tratado de desvelar el misterio que cubre a muchos acontecimientos que permanecen sin resolver; no entendemos que todo cuanto existe fue creado de una manera perfecta, para que no nos falte nada, y que nos dé pie a lograr todo lo que deseamos y anhelamos en lo más profundo del corazón. A continuación, les compartiré algo que he definido con respecto a mis investigaciones de tantos años:

"Se dice que los seres humanos no obtenemos en la vida lo que queremos, sino lo que visualizamos y plasmamos tanto en nuestra mente como en nuestros corazones.

Se dice que los seres humanos no conseguimos lo que deseamos en la vida, sino lo que nos ganamos con justicia".

Como te puedes dar cuenta, los seres humanos siempre estamos buscando vías para escudriñar diferentes cuestiones que ya forman parte del plan divino, el cual estamos viviendo.

Muchas veces, los seres humanos buscamos la respuesta a muchas preguntas fuera de nuestro exterior, cuando no nos damos cuenta que todas aquellas respuestas anheladas están dentro de uno mismo. Al hacer una investigación exhaustiva en este océano de información, me he dado cuenta que cuanta más información tenemos y retenemos, más nos paraliza, por lo que en vez de seguir avanzando nos detiene como raíz de árbol. Hay, por tanto, que dejar fluir y filtrar toda esa información, siguiendo uno de los principios universales: dar, sin esperar recibir nada a cambio. Ésta debe ser la pauta que nos guíe si queremos avanzar, ser realmente felices y tener nuestro corazón lleno de paz.

En mi libro "Invencible", expresé lo siguiente: "De nada le sirve al ser humano saber mucho y quedárselo para su propio beneficio: el día que tenga que partir de este mundo, se llevará una carga tan pesada en su conciencia por no haber dejado un legado de conocimiento y sabiduría, por lo que lo mejor es compartir el aprendizaje adquirido".

Hay que desear grandes cosas para nuestra vida con toda la fuerza del corazón y mente, pero, tal y como decía Beethoven, hay que trabajar duro para lograrlas. Nunca debemos olvidar de dónde venimos y, sobre todo, siempre debemos poner todo en manos de Dios, para que sea el juez de nuestras acciones y vidas. Tenemos que aprender a liberarnos de muchas cosas que nos atan, tales como el ego y todas las características que lo alimentan, el excesivo apego a los bienes materiales y la ignorancia por falta de información, al conformarnos con poco.

Los deseos y anhelos del ser humano se harán

realidad sólo cuando realmente entienda que hay algo que sobrepasa todas las cosas que existen, y que ha estado presente desde siempre: Dios. Cuando el hombre logre alinearse con la divinidad, todo comenzará a fluir como la corriente cristalina de un río; al llegar a este punto, el hombre hallará su verdad, y la Verdad, que ha reinado durante toda la eternidad: es aquí donde encontrará su paz interior y hacia Dios, por lo que comenzará la senda hacia la grandeza.

A continuación, me gustaría compartirles una hermosa historia repleta de grandes hazañas, donde aprenderemos que, al estar en paz y armonía con el Ser Supremo y la Naturaleza, lograremos la grandeza de alcanzar la paz y felicidad eternas. El humilde personaje en torno al que gira mi relato dejó un gran legado para la Humanidad, y conociendo su historia, comprenderemos el porqué.

Este personaje es considerado un gran icono, el ejemplo perfecto de persona que busca la paz mundial, ya que a través de su sabiduría y capacidad de liderazgo, logró que el mundo que conocemos sea como es el día de hoy, lleno de fe, esperanza, amor y paz.

Este gran mandatario llegó a ejercer como el trigésimo segundo presidente de los Estados Unidos, siendo el único que logró ganar cuatro elecciones presidenciales consecutivas, por lo que se mantuvo en el poder durante doce años;

de esta manera, esta gran figura se ha posicionado como el presidente más longevo de la Historia de los Estados Unidos de América.

El 32º presidente de los EEUU es también considerado un gran pacificador, ya que durante su mandato, Estados Unidos impulsó la creación de la Organización de las Naciones Unidas (ONU). El 1 de enero de 1942, cuando la Segunda Guerra Mundial estaba en todo su apogeo, veintiséis naciones aprobaron la "Declaración de las Naciones Unidas"; tres años más tarde, ya finalizada la locura del Reich, se les unen veinticuatro representantes más de todo el mundo para redactar la "Carta de las Naciones Unidas", que fue firmada por cincuenta representantes de las cincuenta naciones integrantes de la ONU en aquel momento el 26 de junio de 1945, y poco tiempo después se les une Polonia, siendo así un miembro más de los Estados Fundadores.

Gracias a este extraordinario dirigente, y su enorme deseo de que el mundo jamás volviera a verse sumido en una guerra, las Naciones Unidas comenzaron a existir oficialmente el 24 de octubre de 1945, fecha en la que, a partir de este momento, se conmemora anualmente.

Hago mención a este hecho ya que lo considero tan relevante, que marca un antes y un después en la Historia de la Humanidad, pues la ONU constituye por sí misma un baluarte de paz. De hecho, a continuación comprenderás por qué esta organización cambió drásticamente el futuro del mundo.

Nos adentraremos en un 30 de enero de 1882 en Hyde Park (Nueva York): en ese momento, nació el hombre que cambió el curso de la Historia, Franklin Delano Roosevelt, en el seno de una familia acomodada, la cual había radicado en Nueva York por más de doscientos años; su padre, el demócrata James Roosevelt, era un terrateniente adinerado y vicepresidente de la compañía de ferrocarril entre Delaware y Hudson, mientras que su madre, Sarah Ann Delano era hija de Warren Delano, cónsul de Estados Unidos en China. Puesto que Franklin era hijo único, y debido a que su padre se hallaba siempre ausente, su madre ejerció sobre él su influencia posesiva y controladora.

Roosevelt fue un niño muy privilegiado, ya que sus padres eran lo suficientemente ricos como para poder ayudar a muchas personas mediante el servicio público, haciendo obras filantrópicas; es por ello también que es un gran ejemplo, pues era una persona muy humilde y sencilla. Gracias al potencial económico de la familia, puedo viajar a Europa, donde aprendió a hablar francés y alemán, además de a montar a caballo y jugar al polo y al tenis. Roosevelt estudió en Gronton School, ubicada en Boston, graduándose allí en 1900; posteriormente, estudió en la Universidad de Harvard, y, en una recepción de la Casa Blanca, conoció a Eleanor

Roosevelt, sobrina de Theodore Roosevelt, con la que se casaría el 17 de marzo de 1905, naciendo seis hijos de esta unión: Anna Eleanor, James, Franklin Delano, Elliot, Franklin Delano Jr. Y John Aspiwall.

Durante su fase universitaria, Theodore Roosevelt se convierte en el presidente de los Estados Unidos, por lo que Franklin lo contempla como un excelente modelo a seguir, debido a su estilo de gobierno y a su celo reformista, Años más tarde, en 1907, acudiría a la Universidad de Columbia para estudiar Derecho pero no logra graduarse, por lo que un año más tarde comienza a trabajar en Wall Street para la firma Ledyard y Milburn, una de las más prestigiosas de la época. En este punto, también comienza a ejercer en el derecho de las sociedades.

Franklin Roosevelt inicia su carrera política desde muy joven: en 1910 se postula como candidato para el Senado del estado de New York, en el cual no habían elegido a un miembro demócrata desde hacía más de veinticinco años; sin embargo, en 1912, gracias a su apellido y a la influencia que tenía su familia en el panorama político, Franklin Roosevelt se convierte en la gran figura de los demócratas por el estado de New York.

Poco tiempo después, asume además el cargo de Secretario de la Marina, de la cual, cinco años más tarde, se convertiría en el más alto administrador; como vemos, cuanto tocaba el futuro presidente, se convertía en oro. Roosevelt también era un gran filántropo, un defensor acérrimo de la paz y armonía, por lo que siempre mostró un enorme cariño y respeto hacia el ejército.

En 1918, viaja a Inglaterra y Francia para inspeccionar las instalaciones navales estadounidenses, y allí coincide con Winston Churchill. Dos años más tarde, es elegido vicepresidente de Estados Unidos por la convención demócrata nacional, encabezada por el gobernador de Ohio James M. Cox, pero es derrotado por el republicano Warren Harding, por lo que decide retirarse durante un tiempo de la carrera política. Sin embargo, su constante deseo de lucha y superación no cesó, pero entonces, corriendo el año 1921 y estando de vacaciones con su familia en la Isla de Campobello (New Brunswick), contrajo poliomielitis (una infección viral de los nervios en la columna vertebral), posiblemente por nadar en el agua estancada de un lago cercano. Esta situación dejó a Franklin permanentemente paralizado de cintura para abajo, por lo que empezó a usar silla de ruedas; y aunque él no permitía que esta enfermedad lo detuviera y lograba ponerse de pie ayudado por muletas, jamás volvió a caminar.

Su deseo de seguir luchando y regresar a la política hizo que en 1928 fuera elegido

Gobernador del Estado de Nueva York. Motivado por su nuevo status, cuatro años más tarde busca la nominación demócrata para la presidencia de los Estados Unidos, lo que obtiene con facilidad y de esa manera, lanza su candidatura.

Roosevelt aún se postuló dos veces más, en 1936 y 1940, sin lograr alcanzar su meta, hasta que en 1944 resultó ganador, llegándose a nombrar como el único president de Estados Unidos que había logrado la reelección tres veces consecutivas.

En sus primeros años de mandato, logró desarrollar grandes proyectos para el avance del país, tales como carreteras, escuelas, centrales hidroeléctricas, y demás obras públicas que modernizaron y actualizaron el país, de manera que fue el impulso clave de una auténtica revolución tecnológica y social para Estados Unidos. Escribió un libro, llamado "The test of our progress", que en idioma español, podría traducirse por "En marcha", en el cual compartía la siguiente reflexión: "Si es una revolución, es pacífica, llevada a cabo sin violencia, sin el derrumbe del imperio de la ley y sin la negación del derecho equitativo de todo individuo o clase social".

Estados Unidos se encontraba sumido, en el momento en que Roosevelt llegó al poder, en la Gran Depresión, que atenazaba económicamente al país desde el quiebre de

Wall Street en 1929; sin embargo, gracias al dinamismo y las medidas de acción del nuevo presidente, el país se fue recuperando poco a poco. Su gran deseo de guiar el país hacia la prosperidad monetaria y social, llevó a Roosevelt a establecer relaciones diplomáticas con la Unión Soviética a partir de 1933.

Durante ese tiempo, al otro lado del mundo se estaban gestando conflictos armados, encabezados por la Alemania de Hitler contra Europa, por lo que, temiendo el alcance del Reich, Franklin pone en marcha una serie de medidas preventivas (rearme, economía de guerra, alineación con los países europeos que más tarde serían denominados "aliados" para crear un bloque de cara a un posible conflicto armado).

El mundo volvía a entrar en tiempos de oscuridad, ya que las Potencias del Eje, conformadas por la Alemania nazi y sus aliados, la Italia de Mussolini y el Japón de Hirohito, comenzaron a sembrar el terror en el corazón de la Humanidad. Estos tres países buscaban dominar el mundo en base a la ideología nazi; por ello, buscaban preservar y mejorar la raza aria, que dominaría la Tierra de acuerdo con la creencia nazi; en síntesis, lo que Hitler y sus aliados buscaban, era un Reich que durase mil años. Las Potencias del Eje se enfrentaron con el Bloque Aliado, que buscaba tanto la paz como el fin de la Alemania nazi y el Holocausto, formado por Inglaterra, Francia, la Unión Soviética, y al poco tiempo China, algunos países de América del Sur, y Estados Unidos. Los EEUU, con Franklin Roosevelt a la cabeza, pasa a formar parte de las potencias involucradas en la Segunda Guerra Mundial en diciembre de 1941, tras el ataque de los japoneses sobre Pearl Harbor, en el que murieron miles de personas inocentes. Con esta temeraria acción, Japón despertó al gigante dormido, y pagó un precio muy alto por ello. Así pues, el 11 de diciembre de 1941, el presidente Franklin Delano Roosevelt firma la declaración de guerra a la Alemania nazi y todos los aliados de ésta.

Al iniciar Estados Unidos su participación en la guerra, pasó a formar parte del grupo denominado "los tres grandes", constituido por Reino Unido, la Unión Soviética y los Estados Unidos. Sin embargo, y pese a haber entrado por un caso de fuerza mayor al conflicto armado, Roosevelt seguía siendo un gran pacificador, de manera que al ver que los alemanes y sus aliados estaban destruyendo y tratando de gobernar las cenizas del mundo mediante estragos, matanzas y genocidio, inicia una batalla sin cuartel por la paz mundial, apoyado por Winston Churchill, primer ministro británico y responsable de la primera declaración de guerra a los nazis, y Joseph Stalin; desde ese momento, los tres países lucharían codo con codo hasta lograr la victoria y el fin de la Segunda Guerra Mundial.

Entonces, llegó un momento en el que el mundo sucumbió al terror: la guerra se estaba extendiendo a todos los continentes, dejando un rastro de muerte y desolación a su paso. En ese punto, Franklin Roosevelt y Winston Churchill deciden juntar su sagacidad y liderazgo, ya que Inglaterra, presa de los constantes ataques nazis, comenzaba a quebrarse bajo la bota del Reich.

La estabilidad democrática mundial se encontraba pendiendo de un hilo, pero gracias a la acción de estos líderes, se le dio un giro a esta monstruosa guerra, que comenzaba a parecer perdida. Estados Unidos comienza a trabajar en un plan secreto, parcialmente apoyado por Canadá y Reino Unido, denominado "Proyecto Manhattan", el cual consistía en la creación de la primera bomba atómica, antes de que los nazis la desarrollaran; en este proyecto colaboraron las mentes científicas más brillantes de la época, tales como Robert Oppenheimer, Niels Bohr, Ernst Lawrence y Luis Walter Álvarez, entre otras.

El primer ensayo de detonación, bautizado "Trinity", se llevó a cabo el 16 de julio de 1945 en el desierto de Nuevo México; se trataba de una bomba A-plutonio del tipo "Fat Man", la misma que se lanzaría poco después sobre la ciudad de Nagasaki. Con esto, Estados Unidos determinó su victoria sobre el Reich, ya que en la Alemania nazi se estaba trabajando en un proyecto de similares características, el "Proyecto Uranio". Para ese entonces, Franklin Roosevelt ya tenía conocimiento del Proyecto Manhattan, pero no alcanzó a administrar su uso, ya que una gran tragedia vendría a truncar sus planes.

En la tarde del 12 de abril de 1945, sobre las 3:35 pm, Franklin Delano Roosevelt, el gran pacificador, sembrador de paz y esperanza a lo largo del mundo, sufrió una embolia cerebral masiva mientras estaba sentado en su escritorio, lo que le provocó la muerte.

Roosevelt no vio el final de la Segunda Guerra Mundial, por el que con tanto esfuerzo había trabajado; es sucedido por el vicepresidente Harry Truman, que sería el encargado de ordenar y dirigir los ataques nucleares contra Japón, en una postrera venganza por lo acaecido en Pearl Harbor.

La rendición alemana comienza a finales de abril, motivada por el suicidio de Hitler en su búnker, junto a su esposa Eva Braun, y llega a su fin el 7 de mayo de 1945. Entonces, en una operación sin precedentes, Estados Unidos lanza la primera bomba atómica, de nombre "Little Boy", sobre la ciudad japonesa de Hiroshima el 6 de agosto de 1945, acompañada de la detonación gemela que se produjo en Nagasaki tres días después, el 9 de agosto. Ambas explosiones se llevaron la vida de

140,000 personas en Hiroshima y 80,000 en Nagasaki, lo que provocó la rendición incondicional de Japón al Frente Aliado.

Éste es el final de la Segunda Guerra Mundial. Este monstruoso conflicto originó la muerte de entre 50 y 70 millones de personas en ambos bandos, y se convirtió en la confrontación más sangrienta de la Historia, seguida por la Primera Guerra Mundial, que unos años antes había acabado con la vida de nueve millones de personas.

Gracias a su titánica fuerza, deseo de triunfo e indomable deseo de obtener la victoria para así alcanzar el fin de la violencia en el mundo, Franklin Roosevelt nos dejó uno de los legados de paz más importantes que hayan existido a lo largo del tiempo, el cual vivirá por muchas generaciones, ya que al unirse con otros líderes y combatir a un sanguinario tirano, eclipsó la oscuridad de nuestro tiempo, encaminó al mundo hacia la victoria gracias a la cual el día de hoy podemos vivir en paz y libertad.

El historiador Arthur Schlesinger Jr., ganador del premio Pulitzer, dijo lo siguiente: "Observe nuestro mundo de hoy, es manifiesto que no es el mundo de Adolf Hitler; su Reich de mil años tuvo una duración, breve y sangrienta, de doce. Es manifiesto que tampoco es el mundo de Joseph Stalin: ese mundo espantoso se autodestruyó ante nuestros ojos. Y tampoco es el mundo de Winston Churchill, el mundo en el que vivimos es el mundo de Franklin Roosevelt".

Sin el primer ministro británico, Inglaterra y Europa hubiesen caído ante el dominio nazi, sin el presidente de Estados Unidos Franklin Roosevelt, tal vez el mundo nunca hubiera recuperado su libertad. Gracias a sus grandes deseos de paz y amor para con el mundo, Franklin nos deja un gran legado de enseñanza: ayudémonos los unos a los otros, y siempre luchemos con todo nuestro ser sin importar si hay limitaciones físicas, las cuales no son impedimento para lograr grandes cosas en la vida, todo para luchar por ser mejores, lograr nuestra supervivencia como especie y alcanzar la paz con nosotros mismos y con Dios. Y, como decía Christian D. Larson, *"Cree en ti mismo y en todo lo que eres, debes saber que hay algo dentro de ti más grande que cualquier obstáculo"*.

A continuación, te compartiré algunas citas, fruto de la sabiduría del presidente Roosevelt:

"En la vida hay algo peor que el fracaso: no haber intentado nada".

"La prueba de nuestro progreso no es que aquéllos que tienen mucho tengan más, sino que quienes tienen demasiado poco tengan más".

Alejandro C. Aguirre

*"La nación que destruye su suelo,
se destruye a sí misma".*

*"No basta con querer; debes preguntarte
a ti mismo qué vas a hacer para
conseguir lo que quieres".*

*"De lo único que debemos tener miedo,
es del propio miedo".*

*"Si tratas a las personas bien, te tratarán bien el
99% del tiempo".*

*"Siempre se debe preferir
la acción a la crítica".*

*"Los hombres no son presos del destino;
sólo son prisioneros de sus propias mentes".*

*"El único límite a nuestra realización del mañana
serán nuestras dudas de hoy".*

Con un poco de Historia acerca de este maravilloso emblema de la paz, hemos llegado al final de "Re-Ingeniería Mental", muchas gracias por haber leído esta maravillosa obra. Recuerda esto: no basta con sólo leer libros y otros materiales llenos de magnífica información, hay que aplicar diariamente todo aquello que aprendemos. Y nunca dejamos de aprender, de practicar, ya que el Universo es inmenso y siempre habrá un nuevo interrogante que descifrar y compartir con los demás. Como dice uno de mis pasajes bíblicos preferidos, "Ayúdate, que yo te ayudaré". Ayudemos a nuestro prójimo y busquemos siempre grandes cosas en la vida, tanto para nosotros mismos como para los demás. Ha sido un enorme placer compartir contigo los 11 Deseos que impulsan la mente del triunfador.

¡Muchas gracias, y hasta la próxima! ¡Bendiciones!

Bienaventurados por pacificadores, porque ellos serán llamados Hijos de Dios. Bienaventurados los que padecen persecución por causa de la justicia, porque de ellos es el Reino de los Cielos.

(Mateo, 5:910 RVR 1960).

EPÍLOGO

Muchas gracias por haber leído este libro. He compartido con ustedes algunos fragmentos de mi vida, mis experiencias, fórmulas y creencias, las cuales me han ayudado a seguir nadando en este océano de la existencia y nunca rendirme hasta lograr mi propósito, mi misión.

Los deseos nacen y viven en el corazón, impulsados por nuestras motivaciones, deseo de superación y de ser alguien en la vida, con el fin de marcar en nosotros mismos la diferencia entre lo ordinario y lo extraordinario. De hecho, hay un proverbio maya que dice "El que cree, crea; el que crea, hace; el que hace, se transforma a sí mismo y a la sociedad en que vive".

Titular esta obra "Re-Ingeniería Mental" fue algo que me llena de emoción, ya que considero que no hay nada que la mente humana no pueda crear. Como dijo en su obra "Piense y hágase rico" el doctor Napoleón Hill, "Lo que la mente humana puede concebir y creer, lo puede crear". Y es que, sin duda alguna, los deseos son los motores que nos impulsan a avanzar hacia la meta. EL DESEO ARDIENTE de cada uno de nosotros será la llama que arderá dentro de nuestro pecho, la que determinará si logras todo aquello que anhelas para tu vida. El deseo tiene ventaja sobre la Madre Naturaleza, ya que al tener ese Deseo Imparable, indomable, invencible, indestructible, ardiente pero a la vez eterno, nos obsesionaremos literalmente como un perro con su hueso, y no lo soltaremos.

Es de esta manera que la mayoría de las personas exitosas han alcanzado la cumbre: mediante la obsesión por ella. "Obsesión" es la palabra clave, proveniente del deseo ardiente de lograr algo para nuestra vida. El psicólogo y filósofo americano William James decía: "Siembra una idea, y cosecharás un deseo; siembra un deseo, y cosecharás una acción; siembra una acción, y cosecharás un hábito; siembra un hábito, y cosecharás un carácter; siembra un carácter, y cosecharás un destino".

Este Deseo Ardiente es el primer paso para lograr algo en la vida; sin embargo, como lo mencioné al principio, no basta con tener anhelos, hay que darles forma concreta hasta convertirlos en una obsesión; para ello, tenemos que diseñar un plan y los medios necesarios para lograrlos con un enfoque total. Así como la luz del sol de mediodía, enfocada con una lupa sobre una hoja de papel logra prenderla, de la misma manera tiene que ser el enfoque sobre nuestros deseos y anhelos.

Es indispensable también incrementar nuestra fe por encima del mundo material, de todo lo visible, ya que las fuerzas más grandes de la Naturaleza no se perciben a simple vista.

Seamos claros con nuestras metas para

definirlas, determinarlas y precisarlas, y sólo entonces podremos poner toda nuestra energía sobre ellas, todo nuestro corazón, esa fuerza de voluntad indomable que, aunque no lo creas, tienes, nuestro esfuerzo, nuestra fe, y sobre todo, colocar su último destino en manos de Dios. Al iniciar cualquier proyecto, siempre se abren dos caminos ante nosotros, los cuales defino de forma muy sencilla: ganar o perder, vencer o morir. ¿Cuál eliges tú?

Recuerda que para lograr grandes cosas en tu existencia, se requiere de grandes sueños y metas, pero también de un imparable deseo de victoria para lograr concretar y cristalizar aquel deseo etéreo; recordemos que nadie en la vida es derrotado, hasta que acepta la derrota como una realidad.

En mis conferencias motivacionales, siempre digo "Nunca se derroten a ustedes mismos"; éste es el peor error, el que mucha gente comete al estar cerca de sus sueños y metas, por eso fracasan en lugar de alcanzarlas. Dentro de cada oscuridad, adversidad, fracaso o circunstancia negativa de la vida hay una semilla equivalente de éxito; por ello, te invito a no darte nunca por vencido, lucha siempre con todo tu ser, pon la fe y el corazón en tus sueños y verán cómo se convierten en realidad ante tus ojos.

Yo sigo este mismo método y lo seguiré haciendo durante el resto de mi vida, siempre impulsado por los pilares que son mis dos hijos,

Re-Ingeniería Mental

mis hermanos, familia y, al fin, el mundo entero, para demostrarles a todos ellos, que sí se puede, siempre y cuando uno tenga el deseo imparable, invencible, indomable e inigualable de lograr algo extraordinario en este mundo, para dejar una huella imborrable, testimonio de que alguna vez pisamos esta Tierra. No olvides que desde mis humildes inicios, fui una persona sencilla pero de grandes sueños y esperanzas; fue por eso que me mudé a Estados Unidos, para lograr que esos grandes anhelos de mi corazón, que vivían allí desde niño, se volvieran realidad. Y, por la gracia de Dios, así está siendo.

¡Ánimo, puedes lograrlo tú también! La única persona que sabe dónde puedes llegar eres tú, eres el labrador de tu vida y destino. Lo que sembraste hace tres meses, es el resultado de lo que eres hoy, y lo que siembres a partir de hoy, en los próximos noventa días será el resultado de lo que cosecharás en ese entonces.

Ha sido un maravilloso placer en mi corazón compartir aquí mi sabiduría, espero te haya gustado y puedas aprender algo de estas experiencias e información para que lo puedas aplicar a tu vida diaria.

Nosotros seguiremos trabajando día y noche para producir más materiales de calidad con los que ponernos a la orden y disposición de la Humanidad; continuamos en este maravilloso camino de la vida, impartiendo conferencias, seminarios, talleres y charlas motivacionales, tanto individuales como de grupos, para poder llegar hasta todas aquellas personas que necesitan una palabra de aliento, un grito de fe, una semilla de esperanza, amor y paz en sus corazones; pero, sobre todo, un ejemplo de inspiración en carne y hueso para despertar ese gigante que se encuentra dormido en cada uno de ustedes. Hay una frase que enfatiza este concepto: "Los pobres y la gente negativa no necesitan de tu comprensión, ni de tu compasión, ellos necesitan un ejemplo de inspiración, y una solución para cada situación".

¡Les deseo lo mejor desde lo más profundo de mi corazón! ¡Bendiciones, y hasta pronto!

CITAS POR ALEJANDRO C. AGUIRRE

Eres lo que piensas.

Dentro de cada uno de nosotros vive una persona exitosa y una fracasada, ¿cuál de esas personas está leyendo estas letras en este instante?

El deseo es el elixir de los sueños, ya que al desear algo con todo el corazón, nuestro espíritu es cautivado para alcanzarlo.

Si deseas algo grande en esta vida, primero empieza por saber cómo lograrlo.

Resultado eficaz = deseo ardiente + alta creencia + pensamiento elevado + acción masiva.

Cree, y vivirás.

Todos los seres humanos fuimos creados a la perfección por nuestro Creador, por la misma razón debemos luchar por ser mejores cada día, para lograr la perfección en nuestro ser.

Busca las raíces ante cada situación y circunstancia que te pone la vida para hallar la solución; si la raíz es mala, arráncala, y si es buena, siémbrala.

La vida es un juego que tiene sus reglas, si no aprendes y respetas las reglas del juego, nunca ganarás.

Después de muchas caídas, aprendí que las adversidades, el fracaso, el miedo y el ego son grandes maestros, ya que cada uno me ha enseñado lecciones que nunca aprendí en la escuela y la vida ha sido el mejor escenario para mejorar mi ser, y Dios mi mejor proveedor, mi guía, ya que nunca me ha dejado caer, me ha dado todo y siempre me ha guiado por el Camino de la Verdad.

Una vez me hicieron esta pregunta: '¿Lo haremos contigo, o sin ti?', por lo que respondí: '¡Cuenten conmigo!' Gracias a esta decisión, mi

Alejandro C. Aguirre

vida cambió, ya que me estaban ofreciendo una oportunidad para lograr mi libertad personal y financiera.

El amor y la paz son las armas más poderosas que existen sobre la Tierra.

Aquél que quiera dejar una huella imborrable de su paso en esta Tierra, tiene que estar dispuesto a servir, ayudar y hacer algo extraordinario para la Humanidad.

Cuando alguien te diga que no lo puedes hacer y lograr, o que es imposible, dile esto: '¿Acaso no sabes que a las personas más grandes que han aportado algo a este mundo e impactado a la Humanidad les dijeron lo mismo? Sólo hay muy pocos como tú que siempre dicen que no se puede o que es imposible.

Aprende esto, la palabra "imposible" está formada así: im-(i-ignorancia, m-miedo), y si le quitamos esto a la palabra, el resultado es "posible".

Nunca te derrotes a ti mismo.

¿Quieres poseer un deseo imparable para alcanzar cosas extraordinarias? Entonces, empieza por buscar esto: conocimiento especializado, discernimiento inigualable, justicia invencible y sabiduría inagotable.

Los dos principales ingredientes de la felicidad son el amor y la paz.

¿Quieres ser grande entre los grandes? Entonces, aprende bien estas cuatro cosas: autoedúcate, automotívate, autodisciplínate y autodirígete.

Deja una gran huella en este mundo, una huella con la cual te recuerden por tus fracasos y triunfos, pero sobre todo, una huella que muchos puedan seguir para guiar sus caminos.

Re-Ingeniería Mental

Le doy gracias a Dios porque existen las personas negativas de este mundo, ya que gracias a ellas he aprendido a no darme nunca por vencido.

Todo forma parte de un propósito divino; y tú y yo formamos parte de él, lo aceptemos o no.

Por las mañanas al levantarme, y por las noches al acostarme, siempre agradezco y le digo a Dios: "Muchas gracias por permitirme contar con un día más de vida, estoy muy feliz y agradecido por darme una oportunidad", más sin embargo le digo, "Que se haga tu voluntad y no la mía, amén".

Aquéllos que realmente deseen ser felices en la vida, tienen que entender que la verdadera felicidad está dentro de sí mismos y no fuera, como piensan; descúbranse a sí mismos y descubrirán a Dios.

Si la Fe es el antídoto contra el fracaso, entonces la acción es la clave del éxito.

Hay que aprender cosas nuevas en la vida para ser más, entre más seamos tendremos más y haremos más.

Mis sueños son más grandes que mis excusas.

En cierta manera, el tiempo y el dinero son relativos, podemos crear más dinero pero nadie le puede agregar una hora a su vida.

Siembra en tu mente y en tu corazón semillas de amor, felicidad, fe y esperanza, para que coseches una vida llena de paz.

Verdaderamente, las únicas limitaciones en los seres humanos son mentales y no físicas, existen aquéllos que se quejan todo el tiempo, mientras otros luchan por sobrevivir y se aceptan como son, otros se deprimen y viven limitadamente.

Alejandro C. Aguirre

Durante estos treinta años de vida, he aprendido tres cosas que son realmente inevitables: dirigir pensamientos, controlar emociones y decretar tu destino. También tres cosas sumamente irremplazables: tu vida, tu familia y tus verdaderos amigos. Tres cosas son verdaderamente invaluables: tus creencias, tu salud y tus sueños.

Sueña en grande, piensa en grande, actúa en grande y vive en grande.

Actúa hoy y crea un plan, porque si no tienes uno, seguramente terminarás perteneciendo al de alguien más.

Déjate guiar por tu pasión y visión, ya que ambas son la promesa de lo que un día serás.

No te enfoques en los problemas, enfócate en las soluciones.

Nunca renuncies a los deseos de tu corazón, hasta alcanzarlos.

La creatividad, la pasión y la visión son esenciales para el éxito.

La lectura y la escritura hacen al hombre preciso.

"Los libros curan la más peligrosa de las enfermedades que inundan a la humanidad en la oscuridad, la ignorancia".

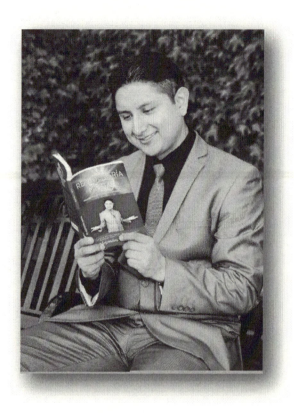

ACERCA DE ALEJANDRO C. AGUIRRE

Alejandro C. Aguirre es el Presidente y Fundador de la Corporación *Alejandro C. Aguirre, Corp.* Para el Desarrollo Humano y Superación Personal & *Alejandro C. Aguirre Publishing/Editorial, Corp.* Editorial dedicada a la difusión de libros, *e-books* y audiolibros de Desarrollo Personal, Liderazgo y Motivación.

Su misión es contribuir al desarrollo y la transformación de individuos, grupos y organizaciones. Con un enfoque en la productividad personal, la motivación y la auto-ayuda. Para cumplir este objetivo ofrece conferencias en vivo y en internet, libros y productos en audio y video en una variedad de temas incluyendo: Superación personal y familiar, motivación, ventas y liderazgo. Con la meta primordial de impactar a todos los participantes, creando una introspectiva y un reto personal que los lleve a alcanzar una vida más feliz y abundante.

Re-Ingeniería Mental

Alejandro C. Aguirre, desarrolla capacitaciones, seminarios, talleres y cursos de Ventas, Liderazgo, Motivación, Superación Personal, El Poder de la Actitud Mental Positiva, IQ e Inteligencia Financiera, Cómo Hablar en Público & Persuadir a la gente, Cómo escribir un Libro, Maquinaria Mental y Re-Ingeniería Mental. Sus clientes y público incluyen empresas de venta directa, escuelas, empresas privadas y públicas, así como iglesias, ministerios y organizaciones no lucrativas.

Nació en el bello estado de Tlaxcala, México. Ha compartido con el mundo sus doce primeras obras: *"El Camino a la Excelencia", "Diseñados Para Triunfar", "Invencible", "Las Siete Gemas del Liderazgo", "Re-Ingeniería Mental", "El Gran Sueño del Pequeño Alex", "Re-Ingeniería Mental II", "La Verdad del Espiritismo", "Re-Ingeniería Mental en Ventas", "Re- Ingeniería Mental en el Arte de Hablar en Público", "Vitaminas Mentales para Condicionar una Mente Positiva" y "El Gran Sueño del pequeño Alex 2",* así como la versión *e-book* y audiolibro de todas sus obras.

Alejandro C. Aguirre participa como *Role Model* (Modelo a seguir) en el Programa *Reaching Our Dreams* (Alcanzando Nuestros Sueños) un Programa de Motivación para educar a los niños e inspirarlos a terminar su escuela y lograr sus sueños. Este Programa ha sido presentado desde el año 1998 por más de 300 ocasiones en 110 escuelas localizadas en 12 ciudades. Más de 500 líderes comunitarios han compartido sus experiencias y dificultades con más de 125,000 estudiantes desde el tercer grado hasta el doceavo grado.

Ha aparecido en múltiples programas de televisión y radio tales como: Univisión, Telemundo 47, Teleformula USA, La Revista Semanal TV Show, Aqui TV Show, Fama Y Misterio, Programa de Televisión

Vida Grandiosa, Radio Activa New York, La Rumberita, La Invasora, MundoNet Radio. También en algunas revistas Neoyorquinas como: "Latino Show Magazine" y "FEM Multicultural Magazine". Además de ser el Presentador y Locutor del Programa de Radio "Re-Ingeniería Mental", "Reprograma tu Mente y Transforma tu Vida" en "Radio Comunidad USA" con Marita Reyes, que se emite para todo el mundo desde los Angeles California. También ha compartido en otros medios de comunicación haciendo columnas de motivación y en algunas entrevistas en periódicos como: "El Diario de México USA", "Poder Latino USA", "El Especialito", entre otros medios más.

Alejandro C. Aguirre ha motivado e inspirado miles de personas en todo el mundo con sus conferencias y libros. Ha sido descrito por la editorial Palibrio como autor del mes por su buen ejemplo a seguir con sus obras, visión y filosofía en el mundo de la motivación y superación personal. Y como él lo expresa en sus obras: *"El que no se atreve a pensar y actuar en grande, jamás logrará algo extraordinario en su vida" y "Reprograma tu Mente y Transforma tu Vida"*. Estas ideas, pensamientos y aportaciones forman parte de la filosofía y fórmulas de éxito de este joven autor, las cuales son tesoros invaluables y perdurables para muchas generaciones.

Alejandro C. Aguirre siempre se ha caracterizado como una persona visionaria, vanguardista, e innovadora, siempre al servicio de la humanidad. Para información de conferencias y otros materiales de apoyo visita:

www.alejandrocaguirre.com

OBRAS DE ALEJANDRO C. AGUIRRE

- "El Camino a la Excelencia"
- "Diseñados Para Triunfar"
- "Invencible"
- "Las Siete Gemas del Liderazgo"
- "Re-Ingeniería Mental"
- "El Gran Sueño del Pequeño Alex"
- "Re-Ingeniería Mental II"
- "La Verdad del Espiritismo"
- "Re- Ingeniería Mental en Ventas"
- "Re- Ingeniería Mental en el Arte de Hablar en Público"
- "Vitaminas Mentales para Condicionar una Mente Positiva"
- "El Gran Sueño del Pequeño Alex 2"

Así como la versión *e-book* y audiolibro de todas sus obras.

Alejandro C. Aguirre

ACERCA DE OCTAVIO ROMERO

Octavio Romero, conferencista y presentador, practica lo que predica. Él cree firmemente que, para vivir mejor, sin doblegarse ante la situación económica, cada persona debe encontrar su propósito en la vida.

El propósito de Octavio es sencillo y directo —motivar y ayudar a los demás a encontrar su propio propósito.

Antes de encontrar su camino, él anduvo perdido, dando tumbos por la vida. Nació en Tepatlaxco, Estado de Puebla, México y desde sus primeros años sintió la intuición de vender. Sus primeros productos fueron paletas y chicharrones. A los doce años de edad llegó a los Estados Unidos y sufrió bien pronto un choque cultural por la diferencia de sistemas escolares y porque no hablaba el idioma. Por desadaptación dejó la escuela en el décimo grado.

Tenía que aportar a su familia y trabajó en diferentes empleos donde no se requería experiencia para comenzar: costura, jardinería, construcción, bodegaje. En cada nuevo trabajo tenía que comenzar desde abajo con salario mínimo. Se dio cuenta que le faltaba preparación y decidió leer libros en busca de conocimientos. Trabajó en una ocasión en un campo de golf. Le llamó la atención lo bonito del paisaje y la clientela. Parecía que la gente llegaba de buen humor, en compañía de amigos, a jugar golf. Comprendió que la razón por la que había venido a este país era instruirse, trabajar, y vivir sin preocupaciones. Un día lo despidieron, pero él ya había tomado su decisión: no más empleos de supervivencia —ahora comenzaría él su propio negocio para controlar mejor su vida.

Se asoció con su hermano para dedicarse a las ventas. Fundaron una pequeña empresa, que sacaron adelante paso a paso, con esfuerzo y dedicación, aprendiendo de las experiencias diarias. Hoy esa empresa es una compañía que hace negocios a nivel nacional e internacional.

Octavio también siguió con su proceso de aprendizaje a través de libros, disfrutando del placer de la lectura. Descubrió así que él quería ser escritor y dictar conferencias. Sin descuidar la sociedad con su hermano, comenzó a presentar charlas, empezando con pequeños grupos y dándose a conocer más y más. Su primer libro, Sabios Sobrevivientes: cómo progresar en tiempos difíciles, fue bien recibido, con una presentación en el Festival Latinoamericano del Libro.

Octavio se ha convertido en un destacado conferencista y en la actualidad tiene su propio programa de impacto en la televisión:

Tú Decides Ser Exitoso. También, para animar a otros a disfrutar de la vida y triunfar, él fundo un influyente

Club de Lectores llamado Riquezas del Saber.

Para buscar buenas ideas sobre cómo salir adelante, leer sobre filosofía de la vida o ponerse en contacto con Octavio Romero, visita:

www.creadosparatriunfar.com

OBRAS DE OCTAVIO ROMERO

¿Qué tan grande es tu sueño?

Aférrate a tus sueños, porque te llevarán a tu destino. En este libro único, encontrarás valiosos indicios de cómo lograr tu gran sueño. También te mostrará que, además de la satisfacción de realizar tus sueños, recibirás otro importante beneficio. La fortuna que recibes al lograr tus objetivos, a pesar de su inmenso valor,
no es tan importante como la persona en que te conviertes cuando logras tus objetivos. Si has construido castillos en el aire, no has perdido el tiempo. Ahora, construye cimientos debajo de ellos. Sigue con confianza el camino que te han mostrado tus sueños. ¡Vive la vida que te has imaginado!

Alejandro C. Aguirre

Tú decides: ¿El éxito o el fracaso?

Tienes en tus manos un libro asombroso que te enseñara el secreto de los Dioses que los antiguos no podían revelar bajo pena de muerte: El Secreto de Hermes. Lo conocían los faraones de Egipto, los emperadores de Persia y Babilonia y los poderoso de Grecia. Es el secreto de lograr el éxito en todos tus proyectos el 100 por ciento de las veces. También descubrirás
 estrategias valiosas para aprovechar tu tiempo y lograr armonía en tus relaciones. Además leerás historias apasionantes sobre el arte de vivir. Este es un libro imprescindible que no puede faltar en ningún hogar.

ALEJANDRO C. AGUIRRE
PUBLISHING/EDITORIAL, CORP.

OTROS TÍTULOS EN ESPAÑOL

- Brillo en Tu Interior (Santa I. Rodríguez)
- Como Ser una Persona Resiliente (Gabriela Domínguez)
- El Árbol de la Sabiduría (Santa I. Rodríguez)
- El Camino a la Felicidad y El Éxito (Israel Vargas)
- Emociones Que Dañan (Alvin Almonte)
- El Poder de Conocerse a sí mismo (Lucio Santos)
- El Poder de la Fe y la Esperanza (Minerva Melquiades)
- La Guerrera Soñadora (Mercedes Varela)
- Rompiendo Barreras Mentales (Miguel Urquiza)
- Una Vida con Enfoque (Lucio Santos)
- Yo Quiero, Yo Puedo y lo Haré (Yenny Amador)
- Cuando Decidí Emprender (Jeanneth C. Rodríguez- Gutiérrez)
- Catálogo 2017- 2018 (Abraham Sermeño)

Información y ventas ver "CATÁLOGO 2017-2018" en www.alejandrocaguirre.com

ALEJANDRO C. AGUIRRE, CORP. Y ALEJANDRO C. AGUIRRE PUBLISHING/EDITORIAL, CORP.

Nuestra misión es contribuir, a través de cada libro y el mensaje que nuestros autores quieren transmitir, con el desarrollo y la transformación de individuos, grupos y organizaciones, enfocados en la productividad personal, la motivación, la auto-ayuda, la transformación y la evolución de todos como humanidad.

Las obras impresas o digitales y productos en audio y video, a la par que las conferencias y los seminarios en vivo o vía internet, incluyen una variedad de temas en: superación personal y familiar, motivación, liderazgo, inteligencia financiera, ventas o re-ingeniería mental, entre otros.

Alejandro C. Aguirre, mexicano residente en Estados Unidos, fundo y preside en la actualidad la Corporación, el Store y el Publishing/Editorial, Corp.

"Las cosas que quiero saber están en los libros; mi mejor amigo es aquel que me recomienda un libro que no he leído".

—*Abraham Lincoln*

Re-Ingeniería Mental

Reprograma tu mente y transforma tu vida

Alejandro C. Aguirre

Alejandro C. Aguirre Publishing/Editorial, Corp.

(917) 870-0233

www.alejandrocaguirre.com

Alejandro C. Aguirre

Made in the USA
Columbia, SC
05 September 2018